RELOCALISER

JÉRÔME CUNY

En collaboration avec Isabelle Brokman

Tana
éditions

sommaire

EN 24 H
QU'EST-CE QU'ON PRODUIT EN FRANCE ?

Pourquoi relocaliser pour produire en France ? Parce que nous consommons énormément de produits et de services, et que la plupart viennent d'ailleurs, parfois même de très loin. Alors, si on décide de réindustrialiser le territoire, c'est pour fabriquer quoi ? D'abord, on a intérêt à partir de nos modes de vie pour scanner nos besoins actuels et regarder à la fois ce que nous consommons, fabriquons et importons.

Avant de penser relocalisation, regardons ce que nous produisons. Nous avons choisi quelques produits courants : des yaourts dans le frigo, des engrais pour faire pousser tout ce qu'on mange, des vêtements commandés sur les plates-formes, du bois pour le chauffage, la pâte à papier ou la construction… Tous les jours, ces produits sont au centre de notre quotidien.

Page 12

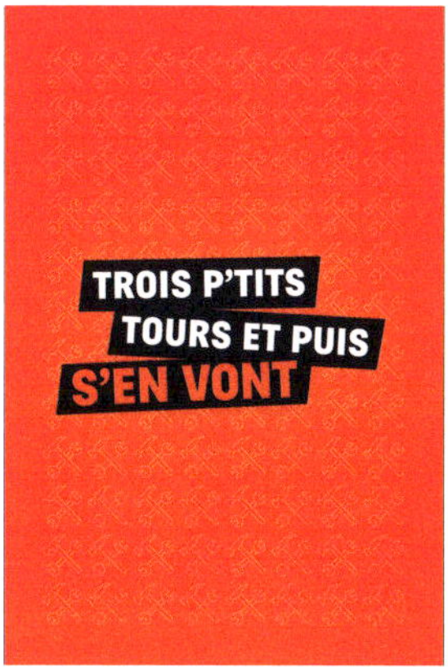

Page 18

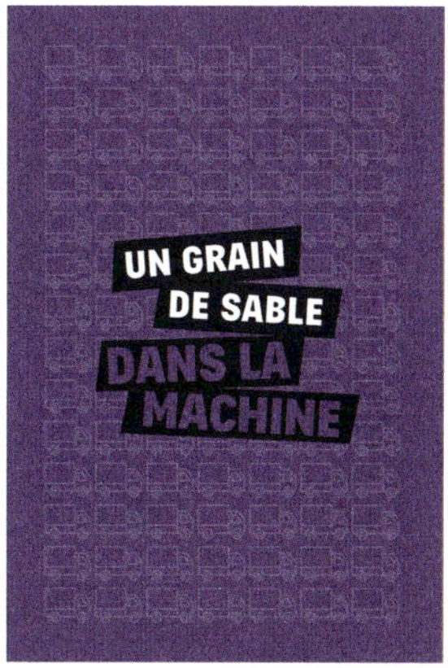

Page 36

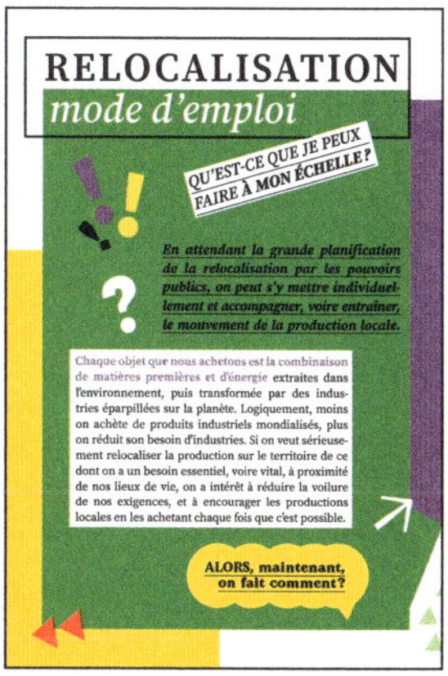
RELOCALISATION
mode d'emploi

QU'EST-CE QUE JE PEUX FAIRE À MON ÉCHELLE ?

En attendant la grande planification de la relocalisation par les pouvoirs publics, on peut s'y mettre individuellement et accompagner, voire entraîner, le mouvement de la production locale.

Chaque objet que nous achetons est la combinaison de matières premières et d'énergie extraites dans l'environnement, puis transformée par des industries éparpillées sur la planète. Logiquement, moins on achète de produits industriels mondialisés, plus on réduit son besoin d'industries. Si on veut sérieusement relocaliser la production sur le territoire de ce dont on a un besoin essentiel, voire vital, à proximité de nos lieux de vie, on a intérêt à réduire la voilure de nos exigences, et à encourager les productions locales en les achetant chaque fois que c'est possible.

ALORS, maintenant, on fait comment?

Page 102

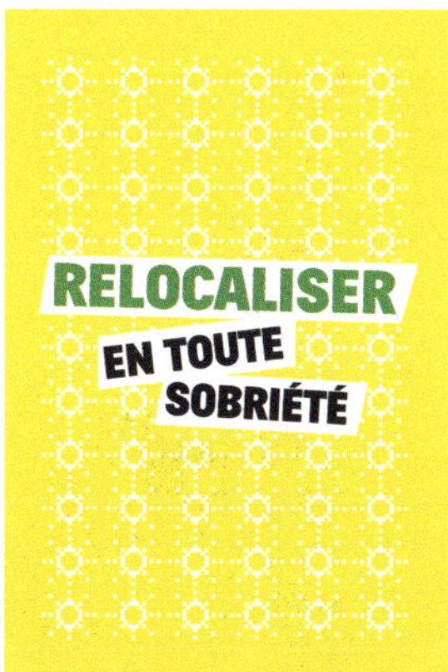

Page 108

FAKE? OR NØT
Les petits gestes sont IMPORTANTS.
À notre échelle, ON PEUT RIEN FAIRE.
ON DOIT changer nos modes de vie et de consommation.
C'est surtout aux POLITIQUES de prendre des mesures.
T'ES SÛR ? D'où tu sors ce chiffre ? Moi, j'ai entendu le contraire.
T'INQUIÈTE, l'humanité a du génie, elle s'en sortira.
EH ! COOL... On ne peut pas tout changer du jour au lendemain.
J'ai vu qu'on avait LA SOLUTION mais que certains n'y croient pas.

FAKE OR NOT MET LA PLANÈTE AU CLAIR

◆ Depuis cinquante ans,
nous avons atteint, dans les pays
les plus riches, un niveau de confort
inédit dans l'histoire de l'humanité.
◆ **Aujourd'hui,** nos besoins vitaux,
et bien plus encore, sont satisfaits.
Nous avons mis à notre service l'ensemble des ressources que la terre nous offre,
nous avons construit un système
économique aussi global que complexe,
et les nouvelles avancées technologiques
nous emmènent toujours plus loin…
Moyennant quoi, **nous sommes en train de dérégler le climat,** de faire disparaître
la biodiversité, de polluer l'eau,
l'air, les sols, de transformer les océans
en décharges… **Tout ça, on le sait.**

◆ Mais que sait-on vraiment ?
◆ De quoi sommes-nous sûrs ?
◆ Quelles sont les échéances ?
◆ Et puis, en quoi est-ce que ça nous concerne directement ?
◆ Et qu'est-ce qu'on peut y faire ?

Il y a débat.

Souvent, les faux arguments des uns se heurtent aux intuitions des autres. Si on cherche à évaluer la gravité de tel problème, la pertinence de telle solution, on pioche sur les réseaux sociaux, on repère une info, on écoute un expert qui en contredit un autre. Car les experts sonnent l'alarme. Enfin, certains, pas tous. Et parfois ils se contredisent.

Alors, on est perdus.

Qui dit vrai ?
Où sont les chiffres ?
Les sources fiables ?
Les scientifiques compétents ?
Comment se faire un avis éclairé ?

À force,
on finit par se méfier de tout et de tout le monde par peur de se faire manipuler, par peur d'être taxé de complotiste ou d'extrémiste.

Comment démêler le vrai du faux ?

LES LIVRES DE LA COLLECTION « FAKE OR NOT » FONT LE JOB !

« Fake or not », ce sont des livres d'actualité environnementale qui donnent la parole aux experts qui s'engagent, aux chercheurs qui veulent contribuer à mobiliser, aux scientifiques devenus lanceurs d'alerte, sur tous les sujets liés à l'environnement au sens large.

Énergie, alimentation, décroissance, climat, déchets… **« Fake or not » passe la planète au crible.**

Nous allons faire le point, partager les grands indicateurs, les ordres de grandeur, les courbes qui ont du sens. **« Fake or not » s'attaque à un sujet et simplifie, résume, connecte les données et les chiffres fondamentaux pour partager l'état réel du monde et déconstruire les discours des faux savants.**
Une fois qu'on sera débarrassés des fake, on pourra commencer à débattre sérieusement à propos de notre avenir commun. C'est quand même essentiel, quand on s'intéresse au devenir de nos démocraties… C'est aussi essentiel quand on a décidé d'agir à son échelle, de s'engager, de convaincre.

« Fake or not » veut contribuer à ouvrir le débat sur des bases fiables et sérieuses. Sans concessions. Mais attention, ça va piquer.

RELOCALISER POUR QUOI FAIRE ?

◆ **Qui aurait pu imaginer qu'un jour on manquerait de papier dans les imprimeries, de bois, de PVC, de vitrages sur les chantiers ? que l'huile de tournesol et la moutarde puissent déserter les rayons ? que les puces électroniques et même les câbles électriques fassent défaut, que leur rareté immobilise les chaînes de production automobile en France et impose de longues attentes aux acheteurs de voitures ?**

Les produits qui nous entourent ne cessent de se complexifier, consomment toujours plus de matières premières et impliquent plus d'étapes de fabrication.

L'abondance dans laquelle nous évoluons est un phénomène récent dans l'histoire humaine, et propre aux pays développés. L'industrie de la production de masse a commencé entre les deux guerres mondiales et s'est accélérée après 1945. L'industrialisation de notre économie, alimentée par un pétrole abondant et peu cher, a permis dans les années 1950-1960 de construire un outil productif national, de soutenir une croissance économique fulgurante et d'élever le niveau de vie et d'équipement de la majorité des foyers français avec l'avènement de la société de consommation.

Cette tendance commence à ralentir dès les années 1970 à la suite des chocs pétroliers, et s'accompagne d'un virage vers le libéralisme politique et économique qui conduit l'État à diminuer son soutien à la production industrielle sur le territoire pour transformer la France en un pays de services.

Dès les années 1980, une stratégie de mondialisation de la production s'enclenche dans tous les pays occidentaux. Les entreprises installent leurs usines dans les pays en voie de développement pour profiter d'une main-d'œuvre à bas coût et de réglementations peu contraignantes. Ainsi, les consommateurs des pays riches obtiennent un flot ininterrompu de produits abondants et bon marché provenant de l'autre côté de la planète.

Avec la délocalisation de notre production industrielle, nous avons délocalisé toutes les pollutions qui l'accompagnent, et en premier lieu les émissions de gaz à effet de serre. Les produits arrivent de pays où les systèmes de production fonctionnent majoritairement au charbon. Nous avons aussi fermé les yeux sur les conditions de travail de ces ouvriers à l'autre bout du monde, qui nous ont permis d'acheter de nouveaux vêtements à volonté et d'accéder à des produits électroniques sophistiqués et bon marché.

Depuis deux ans, nos approvisionnements sont devenus aléatoires. Après quatre décennies de mondialisation sans entraves pendant lesquelles nous avons construit un modèle complexe, international et hyperconnecté de production, de transport et de consommation à flux tendu, le réveil est brutal. **Le système économique avait fini par nous convaincre que nous étions définitivement à l'abri de toute espèce de manque dans notre bulle de confort moderne,** et qu'il nous suffirait à tout jamais de pianoter sur notre smartphone pour obtenir tous les produits possibles. **La crise du covid et la guerre en Ukraine viennent de nous démontrer qu'il n'en est rien.**

Face à cette nouvelle donne, nous nous disons logiquement que nous ne pouvons pas continuer à être dépendants de chaînes de production et de logistiques mondialisées si complexes et fragiles qu'un événement dans une zone du monde peut affecter l'ensemble et interrompre notre approvisionnement en biens essentiels. Nous devons regagner en autonomie. **Il s'agit donc de rapatrier sur le territoire national les outils de production nécessaires pour assurer notre indépendance. Mais… en même temps, nous nous sommes engagés à réduire rapidement et fortement les impacts environnementaux de nos modes de production et de consommation, qui ont atteint un niveau tel que nous mettons en cause l'habitabilité de notre planète.**

◆ **Il ne faut pas espérer une solution technique magique qui nous permettrait de respecter les limites planétaires en continuant à consommer tout ce que nous souhaitons,** que ce soit grâce à un système mondialisé sans faille ou à une production rapatriée en France. La promesse technologique est très limitée. La décarbonation de nos consommations, donc de l'industrie en général, ne peut passer que par la réduction de nos besoins, d'autant que les tensions sur les matières premières et l'énergie ajoutent des contraintes à nos ambitions de relocalisation. Nous devrons donc faire des choix dans ce que nous produisons et ce que nous consommons, en réduisant les volumes si nous décidons de construire un avenir souhaitable et durable pour les générations futures. Il nous faut repenser entièrement notre manière de produire et de consommer, et la relocalisation prend alors un nouveau sens : produire localement les biens essentiels que nous consommerons… avant tout localement. Nous devons bien reconstruire une industrie sur notre territoire, mais laquelle ? Il est temps d'ouvrir le débat de la relocalisation à la lumière des limites planétaires.

Une planification de notre sobriété en matière de consommation est indispensable si nous ne souhaitons pas subir de plein fouet la désorganisation de la mondialisation sous forme de pénuries à répétition. La différence entre la pénurie et la sobriété planifiée réside dans notre capacité collective à faire des choix sur ce dont nous souhaitons disposer en tant que biens essentiels. L'étape suivante consiste alors à décider quelles productions industrielles nous souhaitons rapatrier sur notre territoire. Cette réindustrialisation réfléchie pour des produits simplifiés, en circuit court à la fois pour les matières premières, pour l'énergie et pour la distribution, s'inscrira dans une durabilité forte qui nous permettra d'envisager le futur avec plus de sérénité.

C'est un changement de paradigme profond, qui impliquera autant les citoyens que les entreprises, l'État et les collectivités. Ce n'est que par l'instauration d'une **STRATÉGIE COHÉRENTE ET COORDONNÉE** que nous pourrons ***acquérir une plus grande autonomie, pour améliorer notre résilience aux chocs successifs à venir.***

BIO EXPRESS

QUI ES-TU JÉRÔME CUNY ?

« Nous sommes habitués à vivre entourés d'une multitude d'objets **sans nous demander d'où ils viennent ni comment ils sont fabriqués.** Nous devons désormais apprendre à produire et à consommer plus sobrement si nous voulons aller vers l'autonomie. »

- **1974** Naissance à Paris.
- **1987** **Maîtrise de physique fondamentale à l'université Paris-Diderot** (Paris VII) obtenue dans le cadre d'un échange avec l'université McGill de Montréal, Canada.
- **2003** **Doctorat en océanographie physique** de l'université de Washington à Seattle (États-Unis), spécialisation sur les régions arctiques.
- **2009** Création d'une entreprise de vente sur Internet de produits d'économie d'eau et d'énergie.
- **2012** Création d'un bureau d'études environnementales pour le secteur de l'énergie en mer (éolien et pétrolier).
- **2021** **Master en stratégie et design pour l'anthropocène de l'ESC** Clermont et Strate École de design, spécialisation sur la réindustrialisation dans le cadre des limites planétaires.
- **2022** **Chercheur indépendant, enseignant et consultant** sur la redirection écologique industrielle et les nouveaux modèles économiques écologiques.

« La relocalisation de notre production industrielle n'est pas seulement l'affaire des entreprises et de l'État. Elle sera aussi portée par nos choix de consommation. »

QU'EST-CE QU'ON PRODUIT EN FRANCE ?

Pourquoi relocaliser pour produire en France ? Parce que nous consommons énormément de produits et de services, et que la plupart viennent d'ailleurs, parfois même de très loin. Alors, si on décide de réindustrialiser le territoire, c'est pour fabriquer quoi ? D'abord, on a intérêt à partir de nos modes de vie pour scanner nos besoins actuels et regarder à la fois ce que nous consommons, fabriquons et importons.

Avant de penser relocalisation, regardons ce que nous produisons. Nous avons choisi quelques produits courants : des yaourts dans le frigo, des engrais pour faire pousser tout ce qu'on mange, des vêtements commandés sur les plates-formes, du bois pour le chauffage, la pâte à papier ou la construction… Tous les jours, ces produits sont au centre de notre quotidien.

CHAQUE JOUR

YAOURTS

4 041 TONNES

SORTENT DES USINES FRANÇAISES (2017)

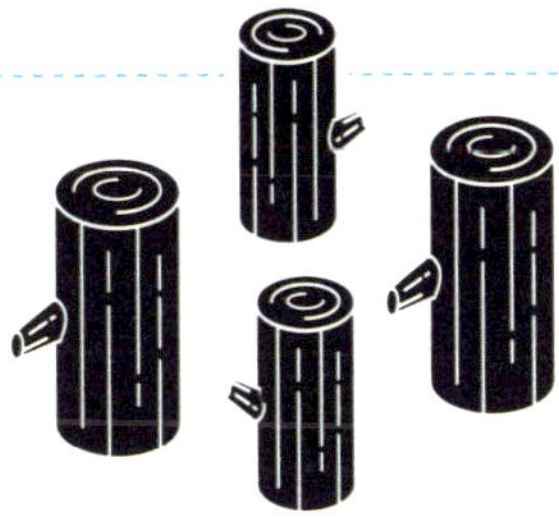

BOIS

99 178 M³

SONT COUPÉS (2017)

6 027 véhicules

sortent des chaînes françaises (2019)

VÊTEMENTS

157 397

SONT FABRIQUÉS (2019)

ENGRAIS

29 865 TONNES

SONT PRODUITES (2018)

EN 24 H QU'EST-CE QU'ON CONSOMME EN FRANCE ?

Si nous mangeons beaucoup de produits laitiers français, nous consommons aussi, directement ou indirectement, énormément de produits qui dépendent de ressources ou d'industries d'ailleurs. Des tee-shirts, des jeans, mais aussi du papier et du carton, du pétrole, des médicaments, etc.

2 520 TONNES

DE YAOURTS ET DE LAITS FERMENTÉS SONT ENGLOUTIS (2017)

62 MILLIONS

de médicaments sont avalés

BOIS

150 958 M³

SONT UTILISÉS (2017)

PÉTROLE

200 000 TONNES SONT BRÛLÉES

CHAQUE JOUR

ENGRAIS

87 838 TONNES

SONT EMPLOYÉES (2018)

++

6 295 890 VÊTEMENTS

SONT ACHETÉS (2019)

EN 24 H QU'EST-CE QU'ON IMPORTE EN FRANCE ?

Ces produits sont représentatifs de notre dépendance aux importations pour assurer notre confort et nos modes de consommation. Quand on produit un tiers des pesticides, la moitié du bois et 13 % des vêtements dont on a besoin, comment fait-on ? On importe massivement. Heureusement qu'on est autonomes pour les yaourts !

YAOURTS

50 TONNES

(2017)

Concentré de tomates

293 tonnes

(2015)

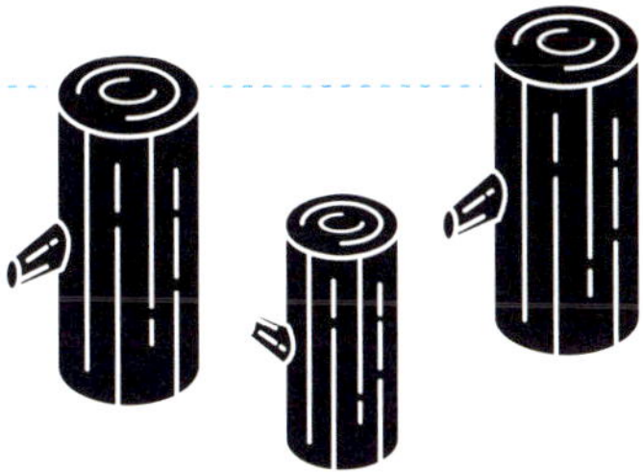

BOIS

84 932 M^3

(2017)

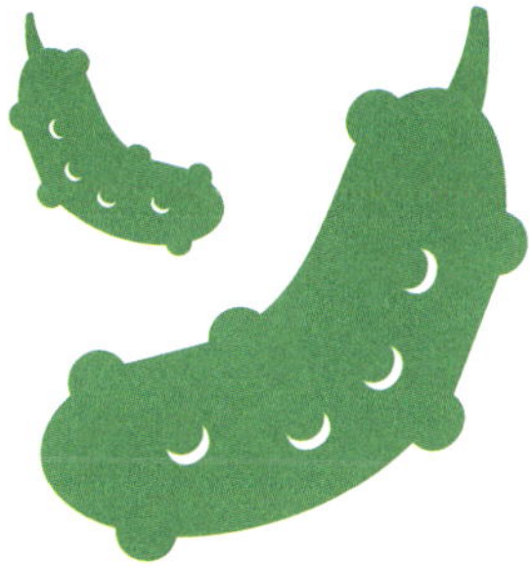

CORNICHONS

162 739

BOCAUX (2019)

CHAQUE JOUR

ENGRAIS

57 973 TONNES

(2018)

6 138 493 VÊTEMENTS

(2019)

TROIS P'TITS TOURS ET PUIS S'EN VONT

LONGTEMPS, NOUS N'AVONS POSSÉDÉ QUE L'ESSENTIEL.

Quelques meubles fabriqués par le menuisier du coin qui durent toute la vie, des outils de base, du linge inusable et une poignée de vêtements commandés à la couturière du quartier… Jusqu'au XXe siècle, posséder est une affaire de riches, car les biens sont chers.

Tout change à partir des années 1950. La production de biens s'envole, le pétrole coule à flots, les prix baissent et la prospérité économique se diffuse dans les pays occidentaux. L'industrie s'empare de tous nos besoins pour y apporter des réponses spécifiques sous forme de produits, d'objets et de services. Alors on se met à consommer. Et derrière chacun de nos achats, le tissu industriel se complexifie. Les industries tournent à plein régime, les usines grossissent et la production de biens devient colossale. Mais, dès les années 1980, les unités de production, souvent nées sur notre territoire, migrent, fusionnent, délocalisent, se mondialisent.

Guerre, crise, guerre…

◆ **La Première Guerre mondiale terminée, la France entre dans une période de forte croissance économique.** Les années 1920 sont les Années folles. La production industrielle quadruple grâce au besoin de reconstruction, à la mécanisation et aux nouvelles formes d'organisation inspirées par les méthodes américaines du taylorisme* et du fordisme**. C'est la naissance de la consommation de masse. Entre 1920 et 1930, la production française de voitures pour les particuliers passe de 40 000 à 254 000, et leur prix est divisé par deux. Mais, à partir de 1931, la France reçoit de plein fouet l'onde de choc de la crise financière américaine de 1929.

Jusqu'en 1935, les faillites d'entreprise doublent et les exportations diminuent de 60 %. Le chômage, jusqu'alors négligeable, concerne 426 000 personnes en 1935, et jusqu'à 864 000 en 1938. Tous les secteurs industriels ne sont pas touchés de manière équivalente. De 1929 à 1938, la production textile dans les manufactures françaises chute de 21 %, l'extraction de charbon, de 18 %, et la métallurgie, de 13 %. Dans le même temps, les industries agroalimentaires croissent de 5 %, la production d'électricité, de 20 %, et l'industrie pétrolière, de 100 %. Puis revient la guerre…

** Le taylorisme est une méthode d'organisation du travail industriel qui passe par la décomposition de chaque mouvement des opérateurs et par leur organisation selon des normes de temps et de cadence. C'est le concept de travail à la chaîne.*

*** Le fordisme combine le taylorisme avec la standardisation des pièces, facilitant ainsi la production de masse.*

La période des Trente Glorieuses s'accompagne d'une *augmentation continue des salaires et de la consolidation du modèle social français :* sécurité sociale, retraite par répartition, assurance chômage…

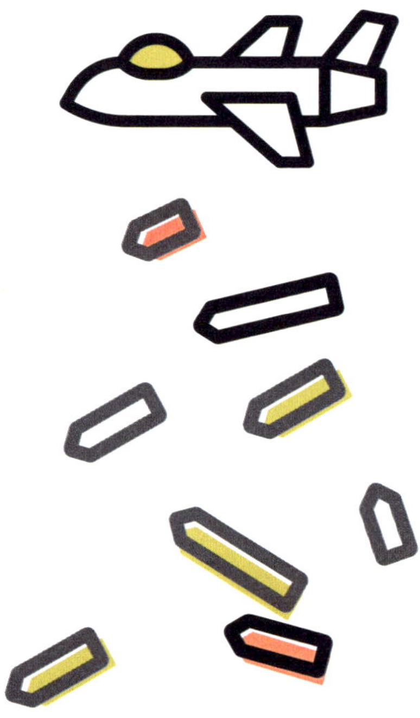

D'abord, reconstruire

◆ **De la sortie de la Seconde Guerre mondiale jusqu'au milieu des années 1970, les économies en France et en Europe n'ont qu'un seul mot d'ordre : reconstruire.** Reconstruire le pays au sens propre en (re)bâtissant à tour de bras, et dans le même mouvement en in-dus-tri-a-li-sant. Les usines sortent de terre partout. Les ouvriers sont les nouveaux héros du quotidien, et la production industrielle, le fer de lance du développement économique du pays. Elle représente une garantie d'indépendance et de souveraineté nationale. C'est l'âge d'or du commissariat général au Plan*. Les politiques mises en œuvre sont très centralisées.

Les gouvernements s'emploient à répondre aux besoins essentiels de la population en pilotant la reconstruction des villes détruites et la modernisation des industries de base (électricité, sidérurgie, machinisme agricole, transports). Cette dynamique, financée initialement par le plan Marshall**, entre autres, s'accompagne de nationalisations de grandes entreprises. L'État français sanctionne ainsi certains industriels pour leur comportement favorable à l'Allemagne pendant la guerre, et en même temps il prend le contrôle d'industries et de banques à un moment crucial. Deviennent propriétés de l'État : Renault, plusieurs banques, dont la Banque de France, de nombreuses sociétés d'assurance, la nouvelle compagnie Électricité de France (EDF) et Gaz de France (GDF), etc.

** Le commissariat général au Plan a existé de 1946 à 2006. Il était chargé de planifier l'économie, notamment via des plans quinquennaux, en définissant les priorités de recherche et d'innovation, et les moyens à mettre en œuvre. Le président Emmanuel Macron a ressuscité le commissariat général au Plan en 2020, et nommé François Bayrou à sa tête.*

*** Le plan Marshall (1948-1951) est un programme américain d'aide au financement de la reconstruction des économies européennes.*

Entre 1950 et 1970, la consommation de masse entraîne la machine économique et fait augmenter le PIB.
UNE CROISSANCE DE PRÈS DE 5 % PAR AN EST L'ORDINAIRE DE CETTE PÉRIODE… AVEC DES PICS À 8 % !

LES EMPLOIS INDUSTRIELS PRESQUE DIVISÉS PAR DEUX DEPUIS L'APRÈS-GUERRE

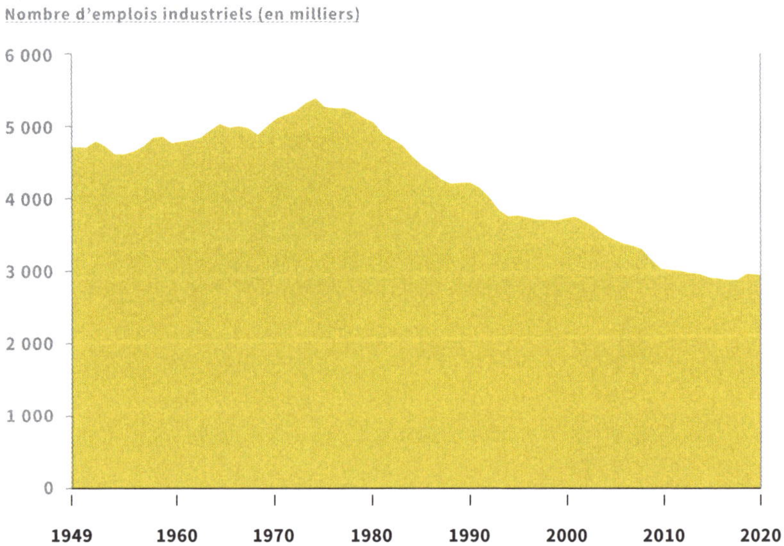

Source : INSEE, comptes nationaux annuels.

L'industrie, la prospérité et le confort moderne

◆ **Les années 1950-1960 marquent l'arrivée des voitures pour tous sur les routes,** des tracteurs et des produits phytosanitaires dans les champs, de l'électroménager dans les cuisines… Les infrastructures et l'aménagement du territoire, autoroutes, hôpitaux, écoles et lycées, accompagnent les mutations de la société. À partir de la moitié des années 1950, l'État abandonne le pilotage direct de l'économie pour laisser plus d'autonomie aux acteurs du secteur industriel. **L'État devient alors régulateur de l'industrie.** **Le gouvernement lance les grands programmes de modernisation technologique de la France et de son économie :** la Caravelle et le Concorde, puis l'Airbus, dans l'aéronautique, le programme de construction nucléaire et l'informatique, avec le plan Calcul, qui devait développer une informatique européenne. Un grand vent de modernité technologique souffle sur le monde. La machine économique fonctionne à pleine vapeur, et les Français, comme tous les Occidentaux, se lancent dans la consommation avec avidité.

LE PÉTROLE REMPLIT LES RÉSERVOIRS DES VÉHICULES ET DEVIENT **LA MATIÈRE PREMIÈRE DE LA MODERNITÉ.** LE PLASTIQUE PERMET DE PRODUIRE MASSIVEMENT DES OBJETS À USAGE UNIQUE. **TOUT DEVIENT JETABLE.**

LES TRANSHUMANCES DES EMPLOIS

Au XIXe siècle et jusqu'à la Première Guerre mondiale, les gains de productivité avaient déjà fait migrer les emplois des activités agricoles vers les activités industrielles. Dans les années 1950, une nouvelle dynamique commence à pousser les salariés du secteur industriel vers les emplois du secteur des services (supermarchés, magasins de vêtements, agences de voyages...). Dans les années 1970, le mouvement s'accélère.

Jusqu'aux années 1970, l'industrie PRODUIT POUR RÉPONDRE À DES BESOINS. **Ensuite, par une inversion des priorités, la croissance du PIB devient l'objectif unique des politiques économiques.**

La naissance du « marché économique »

◆ **1973 : premier choc pétrolier.** Le prix du baril s'envole. La France entre dès cette époque dans une première phase de désindustrialisation. La crise économique, associée aux prix élevés de l'énergie, et le niveau d'équipement (voiture, électroménager...) déjà atteint par les foyers français donnent un premier coup d'arrêt au développement industriel du pays. Des fleurons de l'économie nationale font faillite.

Au delà du contexte de crise économique, la désindustrialisation est aussi un choix politique. D'outil au service d'une vision de la reconstruction de la France, l'économie devient l'unique boussole qui guide les choix stratégiques de l'État. En 1974, l'arrivée au pouvoir de Valery Giscard d'Estaing symbolise cette bascule. Le nouveau président porte une vision libérale de la notion de « marché économique ». Il considère que les entreprises savent ce qui est bon pour leur développement. L'État doit rester en retrait et leur laisser toute liberté de choix et d'action. Il ne cherche pas à ralentir la bascule de l'industrie vers les services, puisque désormais une économie « moderne » est une économie de services et de valeur ajoutée, autrement dit de marges croissantes entre coûts de production et prix de vente.

Avec la naissance de la notion de « marché économique », *les années 1980 et 1990 sont celles des fermetures d'usines,* car les ressources et la main-d'œuvre sont abondantes et BEAUCOUP MOINS CHÈRES AILLEURS.

Compétitif ou mort

◆ **À partir des années 1980, l'État accompagne tant bien que mal le déclin industriel** sur son territoire pour en amortir l'impact social. Cependant, quand une usine ferme, il ne promeut pas systématiquement le remplacement d'une industrie par une autre. Il abandonne certaines filières qui ne présentent pas une rentabilité économique suffisante dans une compétition européenne et internationale qui s'intensifie. **La sidérurgie et le textile sont les principaux secteurs industriels qui font les frais de cette première vague de désindustrialisation.** Ces industries, qui emploient beaucoup de bras, sont concentrées géographiquement dans le nord et l'est du pays. Ce sont donc des bassins de vie entiers qui sont affectés par la fermeture de sites industriels. La fin des années 1970 voit l'apparition du chômage de masse, phénomène nouveau puisque, jusqu'à présent, les demandeurs d'emploi ne représentaient que 2 à 3 % de la population active. Ce chiffre monte à 9 % au milieu des années 1980, et concerne alors plus de 2 millions de personnes.

Si le gouvernement lâche certaines filières, il en soutient d'autres activement. En 1979, il crée le Comité d'orientation pour le développement des industries stratégiques (CODIS), qui coordonne le soutien de l'État aux industries de pointe considérées comme l'avenir du pays : bio-industries (santé, engrais…), robotique, électronique grand public.

ÇA CHAUFFAIT

Les fermetures de sites industriels provoquent la colère des salariés et des populations locales. Des grèves et des manifestations parfois très violentes se succèdent. L'une d'elles, par exemple, mène à l'incendie de la résidence du directeur général d'Usinor, entreprise de métallurgie, par les sidérurgistes de l'usine de Vireux-Molhain, qui doit fermer en juillet 1982.

LES ACCORDS INTERNATIONAUX ORGANISENT LE BUSINESS

1989

Création de l'APEC (Asia Pacific Economic Cooperation), qui rassemble à sa création douze pays de la région Asie-Pacifique dans le but de coordonner une vision stratégique économique et de faciliter les échanges commerciaux.

1990

Création du Groupe des quinze, le G15, un forum informel rassemblant quinze pays émergents (dix-huit pays à ce jour) non alignés.

1992

Signature de l'ALENA, un accord définissant une zone de libre-échange entre les États-Unis, le Mexique et le Canada.

1993

Entrée en vigueur du marché unique de l'Union européenne.

1994

Les normes libérales du GATT (General Agreement on Tariffs and Trade), qui datent de 1947, sont étendues aux produits agricoles, aux services et à la propriété intellectuelle.

1995

Naissance de l'Organisation mondiale du commerce (OMC).

On absorbe, on intègre

◆ **La transformation de l'industrie, à la fin des années 1970 et au début des années 1980, s'accompagne d'une accélération des rapprochements entre entreprises.** Des sociétés françaises comme Peugeot, Citroën et Talbot ou Alsthom et les Chantiers de l'Atlantique fusionnent entre elles pour devenir de grands groupes. Les frontières de l'Hexagone sont désormais trop étroites pour leur appétit. Leur objectif : disposer de capacités financières suffisantes pour attaquer de nouveaux marchés à l'international avec des implantations commerciales ou industrielles, ou en rachetant des entreprises locales. L'ouverture de l'ancien bloc communiste en Europe de l'Est et les pays émergents en Asie créent autant d'opportunités pour les grands groupes d'exporter leurs produits ou d'implanter de nouveaux sites de production sur ces marchés prometteurs. De nouveaux traités commerciaux facilitent les échanges internationaux et posent les bases de la mondialisation de l'économie.

LIBÉRALISER SANS ENTRAVES
En France, les réformes économiques de libéralisation du marché économique ont été portées aussi bien par des gouvernements de gauche que par des gouvernements de droite, avec une accélération entre 1984 et 1989 : multiplication des sources de crédit, fin des actions sur papier, informatisation de la bourse et création du CAC 40, privatisation des grandes entreprises publiques, comme la Société Générale, le groupe Suez ou encore TF1, la première chaîne de télévision...

Le Nord s'installe au sud

Des pays qui émergent économiquement, des marchés qui s'ouvrent, une main-d'œuvre abondante et (très) bon marché, des normes et des réglementations minimales, voire inexistantes... pour les entreprises occidentales, installer des unités de production dans ces contrées prometteuses, toujours plus loin du pays d'origine de leur maison mère, est une véritable opportunité. Les accords internationaux imposés par les pays riches fluidifient les échanges et favorisent le business. Les prix des transports sont dérisoires au regard du montant des échanges commerciaux qu'ils permettent. Les moyens de communication s'améliorent et permettent de gérer des flux de plus en plus complexes. La mondialisation s'emballe.

Résultat : les désormais « multinationales » satisfont un peu les marchés locaux des pays du Sud où elles s'installent, mais alimentent surtout les marchés européens et nord-américains. Une chorégraphie complexe et transfrontalière s'organise au rythme des pelleteuses, des moissonneuses ou des derricks qui extraient toujours plus vite les matières premières, des usines qui les reçoivent et les transforment, des porte-conteneurs qui s'élancent, toujours plus gros et plus nombreux, sur les mers et les océans, sur fond d'incessants ballets de camions. L'expansion économique d'une poignée de ces nouvelles multinationales n'a plus de limites.

BATEAUX SUR L'EAU

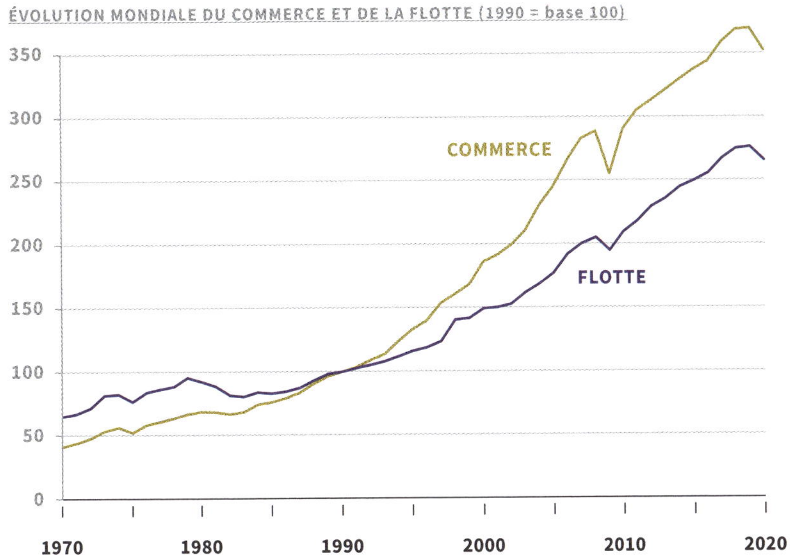

Source : OMC, UNCTAD.

L'emploi industriel s'effiloche

Les délocalisations ne sont pas les seules responsables de la diminution de l'emploi industriel en France.

Ce sont 30 % des emplois industriels qui disparaissent entre 1980 et 2007 à cause de gains de productivité obtenus grâce à l'optimisation des tâches humaines et à l'automatisation de certains processus, comme les chaînes de production robotisées dans l'industrie automobile. De plus, les activités de recherche et de développement ou de marketing sont désormais sous-traitées à des bureaux d'études ou à des agences, alors qu'elles étaient auparavant incluses dans l'effectif industriel, ce qui a mécaniquement fait baisser le nombre de salariés répertoriés dans cette branche d'activité.

Le coût du travail toujours plus bas

Pour diffuser le plus largement possible les produits manufacturés dans la population des pays occidentaux et augmenter ses parts de marché, il faut faire baisser fortement les prix, ce qui n'est possible qu'en comprimant les salaires. Les premiers secteurs industriels à voir leurs unités de production s'installer dans les pays qui sont nos destinations de vacances préférées, comme la Turquie, la Tunisie, la Chine, la Thaïlande ou le Vietnam, ont été le textile et la mécanique (machines-outils, machines agricoles, voitures…), qui sont des secteurs à fort besoin de main-d'œuvre. Le secteur de l'électronique suivra cette vague, qui n'en finit pas de grossir. Par exemple, Thomson commence à délocaliser au Brésil la production de ses téléviseurs dès la fin des années 1980.

Une arrivée fracassante

◆ **Une fois entrée à l'OMC, en 2001, la Chine se lance dans une course effrénée.** Dans un premier temps, entre 2000 et 2010, elle a besoin de tout, et ses importations de produits industriels étrangers manufacturés s'accroissent rapidement. Mais les investissements conséquents de l'État chinois lui permettent d'augmenter à grande vitesse ses propres capacités de production dans l'industrie lourde (machines, acier), réduisant ainsi ses besoins d'importations. C'est pourquoi, dans un deuxième temps, les importations chinoises depuis les États-Unis, la Corée, le Japon ou l'Allemagne s'essoufflent, d'autant que les multinationales installent leurs usines directement dans le pays, la Chine et son gros milliard d'habitants représentant un marché potentiel énorme pour les entreprises du monde entier. ***Dans l'autre sens, les exportations de produits made in China augmentent beaucoup plus vite que prévu : + 422 % entre 2000 et 2010.*** Pourquoi ? Parce qu'elles ne sont plus limités au secteur à fort besoin de main-d'œuvre, comme le textile, mais incluent aussi pour une bonne part des produits technologiques, comme de l'électronique (téléviseurs, lecteurs DVD, téléphones, fours à micro-ondes…). La Chine est la grande gagnante de sa nouvelle présence dans le commerce mondial. Malgré la crise de 2008, qui a ralenti l'économie mondiale, la croissance des exportations de produits chinois est restée vigoureuse : + 45 % entre 2010 et 2018.

LA CHINE RAFLE LA MISE

En 2001, après d'âpres négociations, la Chine intègre l'Organisation mondiale du commerce (OMC), créée en 1995. Elle s'engage à appliquer des mesures permettant aux entreprises et aux investisseurs étrangers d'entrer sur le marché chinois sans distorsion de concurrence. La Chine a à peu près respecté ses engagements, comme les autres membres dominants de l'OMC, mais l'État chinois conserve le contrôle des prix sur certains produits, dont l'énergie, et pendant longtemps il n'a pas fait appliquer rigoureusement les règles de propriété intellectuelle. Ce laxisme a permis pendant des années la copie de produits, autrement dit la contrefaçon ou le pillage des innovations venues d'ailleurs. Ce dernier point s'améliorerait depuis dix ans.

UNE EXPLOSION DE PRODUITS CHINOIS

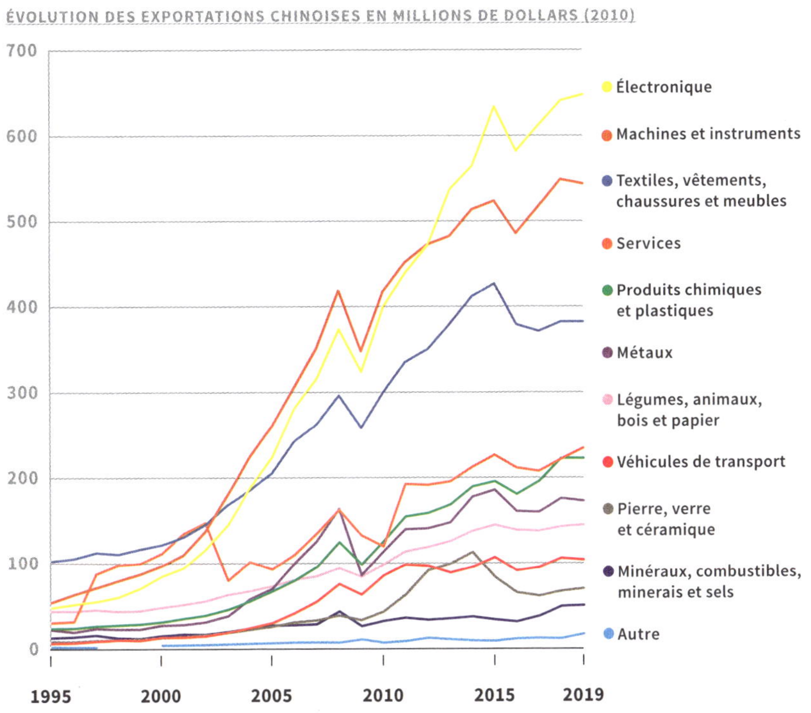

Source : Atlas of economic complexity.

En France, l'agriculture ne pèse que 70 MILLIARDS D'EUROS PAR AN

contre 156 MILLIARDS D'EUROS pour l'ensemble des industries de l'agroalimentaire.

QU'EST-CE QU'ON PRODUIT EN FRANCE ?

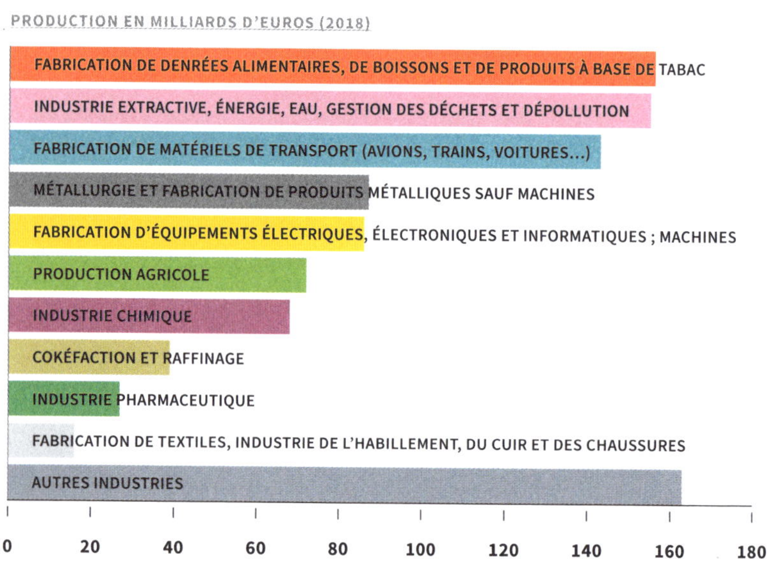

Source : INSEE.

En France, les industries à pile ou face

◆ **À l'issue des grandes manœuvres de la mondialisation,** des restructurations et autres délocalisations, la France a abandonné progressivement la filière de l'électronique, celle des bio-industries pour une large part, celles de la robotique et de la métallurgie pour l'essentiel, celle du textile totalement… Elle conserve aujourd'hui une activité industrielle qui reste majeure dans deux secteurs : l'industrie agroalimentaire et la fabrication de matériel de transport (voitures, trains, avions…).

La France se met à table

◆ **Les industries agroalimentaires (hors agriculture) forment la filière qui pèse le plus lourd dans l'économie française.** Elles représentent à la fois le premier secteur industriel et le premier employeur du pays. Elles transforment en produits alimentaires 70 % des végétaux et des animaux issus de l'agriculture, de l'élevage ou de la pêche en France. Ces entreprises vendent leurs produits soit à d'autres industries agroalimentaires pour alimenter d'autres étapes de transformation, soit à des circuits de distribution via les centrales d'achat : grossistes, grandes et moyennes surfaces, commerces de détail, restauration hors domicile*. Ces sociétés produisent l'essentiel de ce que nous mangeons et buvons tous les jours… ***On croise dans ce secteur quelques mastodontes.*** Les groupes Danone et Lactalis sont les deux plus grosses sociétés de l'agroalimentaire français. Lactalis est même aujourd'hui le premier producteur de lait au monde.

* *Voir* Manger demain, *de Frédéric Wallet, Tana Éditions, 2021.*

On a du jus

◆ **La filière de l'industrie extractive, énergie, eau, gestion des déchets et dépollution, couvre un large spectre d'activités** allant de l'extraction de minerais dans les carrières à l'assainissement de l'eau et à la production d'énergie en passant par le recyclage et l'incinération des déchets. Cependant, c'est la production et la distribution d'électricité qui représentent 72 % de cette filière, avec des acteurs majeurs comme EDF ou ENGIE.

Ça roule

◆ **Nos champions industriels nationaux produisent de la mobilité.** Les industries qui fabriquent du matériel de transport (avions, trains, voitures, motos…) sont les fleurons de l'économie française, ceux qui pèsent le plus lourd dans notre balance commerciale. Cette filière inclut des entreprises comme Alstom, qui exporte ses trains dans le monde entier, ou tous les constructeurs automobiles français : groupe Renault, groupe Stellantis (Peugeot et Citroën, etc.). C'est un des secteurs industriels historiques de la France qui n'a fait que croître au cours des quarante dernières années.

SUR 52 MILLIONS DE FRANÇAIS, 5 MILLIONS TRAVAILLENT DANS L'INDUSTRIE À LA FIN DES ANNÉES 1970.
AUJOURD'HUI, SEULS 3 MILLIONS SONT ENCORE SALARIÉS DANS CE SECTEUR.

Mission impossible

Il est très compliqué de produire 100 % français. Si l'on décortique la chaîne de production, les machines utilisées dans l'usine, les matières premières nécessaires, l'énergie consommée ou même les emballages, à chaque étape une industrie s'appuie sur des éléments extraits, transformés ou fabriqués par d'autres industries dans un autre pays que la France. Plusieurs filières tentent cependant d'aller le plus loin possible dans cette démarche. Par exemple, des marques de vêtements fabriqués entièrement en France réapparaissent progressivement.

Mais, pour aller au bout de l'exigence locale et produire intégralement français, elles ne devraient pas travailler à partir de coton poussé sous des latitudes plus chaudes que les nôtres, ni avec des fils synthétiques fabriqués à base de pétrole, sauf à recycler des tissus.

Restent le lin et la laine, qu'on sait produire en France*. Des entreprises proposent également du mobilier en bois issu de forêts françaises. Le secteur agroalimentaire commercialise de nombreux fruits, légumes et céréales récoltés sur notre territoire. Dans tous ces cas, l'essence du camion de livraison et le film plastique de l'emballage proviennent de pétrole saoudien, et les outils ainsi que les machines-outils ont été fabriqués en Allemagne ou en Chine.

* *Voir* Fashion, *de Catherine Dauriac, Tana Éditions, 2022.*

Pour qu'un produit soit 100 % FRANÇAIS, *il doit être FABRIQUÉ à partir de matières premières produites ou extraites en France, grâce à des machines fabriquées en France,* être peu ou pas transporté et peu ou pas emballé, puisque l'essence et les protections en plastique proviennent de la transformation du pétrole, qui n'est jamais originaire de l'Hexagone.

Le circuit complexe d'un produit complexe

◆ **Nous possédons beaucoup de produits complexes, de ceux qui font le tour du monde avant d'arriver dans notre vie.** Par exemple, pour voir le circuit de fabrication d'un iPhone, il faut s'emparer d'un planisphère sur un pied bien articulé. Première étape, les États-Unis, où son design a été conçu par Apple dans la Silicon Valley. Ensuite, la fabrication à proprement parler : direction le Gabon, la République démocratique du Congo et la Chine pour aller extraire les matières premières, comme les métaux et les terres rares. On fait un petit détour par le puits de pétrole qu'on préfère pour prélever de quoi fabriquer la coque et tous les éléments en plastique. Retour en Asie (Corée du Sud, Japon ou Taïwan) pour produire les différentes pièces qui le composent. Dernière étape : l'assemblage de tous les composants dans des usines chinoises. ***L'étape de l'assemblage n'est pas tout à fait de la production puisqu'elle agrège les nombreux sous-produits venus d'ailleurs.*** Conclusion : plus un produit est complexe, plus il nécessite de composants, et donc de fournisseurs, lesquels sont éparpillés aux quatre coins du monde.

L'ITINÉRAIRE D'UN IPHONE

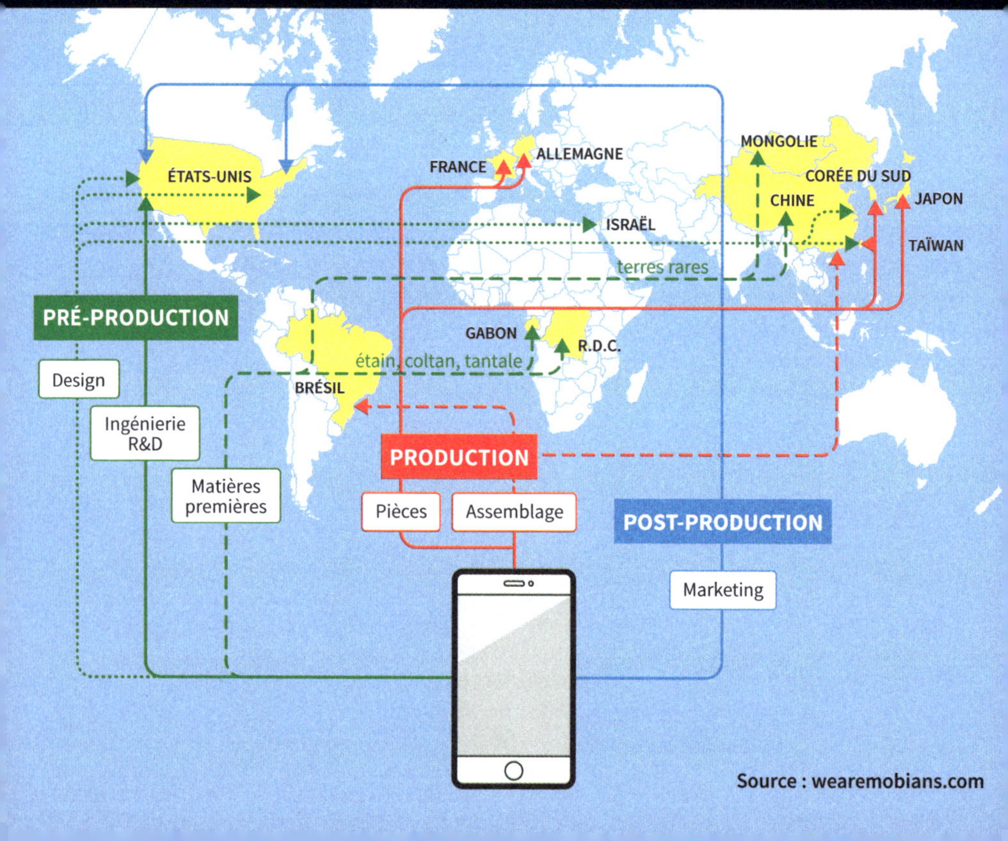

Source : wearemobians.com

C'est quoi, un produit français ?

◆ **En Europe, la mention de l'origine du produit est facultative pour les biens de consommation et d'équipement.** L'entreprise est donc libre d'informer ou non le consommateur sur l'origine du produit qu'elle propose. Les mentions « fabriqué en France », « produit en France » ou « made in France » ne signifient pas que toutes les étapes de fabrication d'un produit ont été réalisées en France. Il faut a minima que le produit tire une part significative de sa valeur d'une ou de plusieurs étapes de fabrication localisées en France et qu'il ait subi sa dernière transformation substantielle en France. Les adjectifs « significatif » ou « substantiel » ne donnent pas d'informations précises sur la traçabilité des produits.

IL EST DEVENU PRATIQUEMENT IMPOSSIBLE D'IDENTIFIER LA NATIONALITÉ D'UN PRODUIT FABRIQUÉ DANS UNE ÉCONOMIE MONDIALISÉE.

Le label « Origine France garantie », obtenu par certains produits (textile, ustensiles de cuisine…), est celui qui va le plus loin, *puisqu'il impose que l'objet prenne ses caractéristiques essentielles en France et que 50 % de son coût de fabrication soit réalisé en France.*

Les deux tiers au moins de ta conso sont importés

◆ **D'après les derniers chiffres publiés de l'INSEE, qui datent de 2015, les ménages français consomment 64 % de biens manufacturés importés.** Pour les 36 % restants, le marquage « fabriqué en France » entretient un certain flou. La part d'importations atteint même 87 % pour le textile, l'habillement et les chaussures. Elle est plus faible pour les denrées alimentaires et les boissons (40 %). Les biens manufacturés importés et consommés par les Français proviennent principalement d'Allemagne (14,5 %) et de Chine (12,5 %). Que ce soit pour l'alimentation ou les produits manufacturés, ***nous avons pris l'habitude d'un accès continu à tous les produits possibles,*** sans cesse renouvelés, augmentés, multipliés. Les tomates en hiver ou tous les modèles d'ordinateur proposés à tout moment sont devenus une évidence, renforcée par le catalogue infini des productions mondialisées, qui se combinent à la possibilité d'acheter en ligne.

UN GRAIN DE SABLE DANS LA MACHINE

PRODUCTION COLOSSALE, MAIS ZÉRO STOCK. MANUFACTURER, TRANSPORTER, LIVRER, CONSOMMER. SANS DÉLAI.

Depuis plusieurs décennies, les industriels ont organisé un ballet fluide et millimétré, un système conçu pour éviter de garder des produits déjà fabriqués mais pas encore vendus. Tant que tous les composants et les acteurs du mécanisme tiennent le rythme, le système en flux tendu est optimal.

Si en revanche un grain de sable entre dans la machine, tout se grippe, car cette organisation est très fragile. Un maillon se coince, et toute la chaîne d'approvisionnement ralentit, voire s'arrête. La mondialisation, qui éparpille les différentes étapes du processus de fabrication sur la planète entière, accentue ce phénomène. Pratiquement tous les produits qui font notre consommation courante sont concernés. Résultat : nos approvisionnements en biens de consommation peuvent s'arrêter à tout instant.

On possède des milliers d'objets

Il est temps de regarder autour de nous. Des meubles, des vêtements, des chaussures, des bijoux, de la maroquinerie, de la vaisselle et du linge. Des médicaments. Du chauffage, de l'électroménager, des outils, des matériaux, des machines, des robots. Des jouets, des coussins, des rideaux, des tapis, des lampes. Des tas de gadgets et de bidules en plastique. De la papeterie, des ordinateurs, des tablettes, des objets connectés, des drones, des smartphones, des box, des écouteurs, des chargeurs et des câbles…

Dans nos vies, dans nos maisons, dans nos bureaux, nous croulons sous les choses matérielles. Chaque besoin, chaque action et chaque moment s'accompagnent de leur lot d'objets. Tout ça vient d'où ?

D'abord d'une activité extractive, nos objets étant avant tout de la matière première : pétrole pour le plastique, fer pour l'acier, sable pour le verre, etc.

Ensuite, les industries intermédiaires ont transformé ces ressources en matières utilisables par d'autres industries, qui les ont transformées en objets.

D'autres industries, enfin, ont produit les emballages, les protections, les conteneurs, etc., qui permettent de les convoyer jusqu'à nous grâce à du pétrole qui vient d'ailleurs. Rien de tout ça, ou presque, n'a été prélevé, produit ou fabriqué en France.

La balance penche

La France produit des biens alimentaires et du matériel de transport, et les exporte largement. Pourtant, même dans ces secteurs industriels majeurs de l'économie hexagonale, notre indépendance est toute relative au regard des importations qu'ils requièrent (composants, ingrédients, emballages…). Pour le reste, la France importe une large part des produits manufacturés que nous consommons, jusqu'à 80 % pour les vêtements par exemple. Ce volume d'importation conséquent plombe notre balance du commerce extérieur. Jusqu'en 2005, les importations et les exportations industrielles s'équilibraient. Depuis, année après année, nous importons de plus en plus, beaucoup plus que nous n'exportons, au point d'enregistrer 80 milliards d'euros de déficit en 2020.

Pendant la crise du covid, en cherchant, sans y parvenir, à obtenir ou à remplacer ce qui ne pouvait plus venir de loin, *nous avons pris conscience que nos approvisionnements étaient fragiles.*

On est en rupture

◆ **La crise du covid nous a fait prendre conscience de notre niveau de dépendance vis-à-vis des autres pays.** Les confinements très stricts en Chine ralentissent les productions industrielles et créent des ruptures dans la chaîne d'approvisionnement, y compris pour des produits assemblés sur le sol national. La France possède deux sociétés multinationales de construction automobile : le groupe Renault et le groupe Stellantis, né de la fusion de PSA (Peugeot) et de Fiat-Chrysler Automobile en 2021. Cependant, cette activité de construction automobile est fortement imbriquée dans la chaîne de valeur mondiale. ***Seuls douze des cent modèles de voitures les plus vendus en France sont fabriqués sur le territoire, et « fabriqués » veut souvent dire « assemblés ».***

Une voiture actuelle est un produit tellement technologique et complexe qu'il nécessite environ trente mille pièces. Les groupes automobiles français produisent des composants qui sont exportés dans des pays où sont assemblés les véhicules (Espagne, Slovénie, Slovaquie, Turquie, Maroc), et ils importent des composants pour assembler quelques modèles sur le territoire, composants qui viennent du monde entier. Les constructeurs français importent des pièces automobiles depuis trente-cinq pays pour environ 9,5 milliards d'euros par an.

Résultat : les tensions dans la chaîne de fabrication des microprocesseurs en Asie affectent la fabrication des voitures en Europe.

EN FRANCE, ON « FABRIQUE » DES VOITURES : L'INDUSTRIE AUTOMOBILE ÉTANT TOTALEMENT MONDIALISÉE, ON LES ASSEMBLE POUR L'ESSENTIEL, EN UTILISANT UNE MAJORITÉ DE PIÈCES VENUES D'AILLEURS.

Y A QUOI DANS TA MACHINE ?

UN ÉLÉMENT D'ÉLECTROMÉNAGER EST UN CONCENTRÉ DE MONDIALISATION.

DES COMPOSANTS ÉLECTRONIQUES, des fils, un moteur, du métal et du plastique, des vis et des tuyaux, des plateaux sur roulettes…

…QUI ONT FAIT LE TOUR DU MONDE.

Tant qu'on a la santé

◆ **La pandémie a mis en lumière les secteurs dans lesquels nous sommes totalement ou largement dépendants des autres pays.** Par exemple, nous avons manqué de masques pendant des semaines. Pourquoi ? Parce que les masques sont très majoritairement importés de Chine. Même chose pour les composants chimiques destinés aux produits pharmaceutiques : 80 % des principes actifs de médicaments produits en France viennent de Chine ou d'Inde. Cela veut dire que, pour fabriquer du Doliprane, la France mélange des principes actifs chinois et des excipients, et les transforme en cachets ou en sirops.

Dans les années 1980-1990, 60 % de ces principes actifs étaient produits en Europe. La santé est un secteur vital pour la population. Produire des vaccins ou, a minima, les médicaments courants semble une évidence. ***Pourtant, la France est pour l'instant incapable de produire sur son territoire certains médicaments de base, comme le paracétamol.*** Les leçons du covid ont été tirées, et un regain d'investissement semble se profiler sur des produits de santé basiques. Le retour d'usines de production du principe actif du paracétamol est prévu en France pour 2023.

ON A EU CHAUD
Même au sein de l'Europe, la traversée des frontières a été compliquée pour les biens pendant la crise du covid, puisque tous les pays souhaitaient réduire au minimum les flux d'un pays à l'autre pour éviter la diffusion du virus. Finalement, les pénuries ont été peu ressenties grâce aux chauffeurs routiers, qui ont accepté de travailler dans des conditions très pénibles, la grande majorité des stations-services, des douches publiques et des restaurants étant fermés sur les autoroutes. Ça a tenu à un fil.

Ton frigo mondial

◆ **Dans une pizza d'entrée de gamme assemblée et vendue en France, la sauce tomate peut venir de Chine, la fausse mozzarelle de Lituanie et le jambon d'Allemagne...** Les industries de transformation de la nourriture forment un secteur économique très puissant dans notre pays. Pour fabriquer nos aliments, de nombreuses industries agroalimentaires incorporent des ingrédients venus d'ailleurs, or nous mangeons chaque jour plus d'un tiers d'aliments industriels. Les aliments ultratransformés, issus de procédés industriels complexes, représentent 80 % de ce qui garnit les rayons de nos supermarchés. Ingrédients de base, additifs ou fruits et légumes, presque un quart de nos aliments sont importés.

La Chine à **ELLE SEULE** nous fournit ***36 % de nos tissus et de nos vêtements.***

SUR UN AN, DE JUIN 2021 À JUIN 2022, **LES PRIX ONT AUGMENTÉ MASSIVEMENT EN FRANCE**

+ 33 %
pour l'énergie

+ 5,7 %
pour l'alimentation

+ 6,2 %
pour les produits frais

+ 3,2 %
pour les services

+ 2,6 %
pour les produits manufacturés

ON N'AVAIT PAS VU ÇA DEPUIS QUARANTE ANS.

Des prix qui montent, qui montent, qui montent

Quand tout le monde veut la même chose au même moment, les prix montent. C'est la loi du marché.

Après la série de confinements de 2020 et 2021, tous les opérateurs économiques ont voulu recommencer à produire en même temps. Du coup, les demandes de matières premières, de composants électroniques et de conteneurs pour le transport ont explosé, mais l'économie, ralentie et désorganisée, n'était pas en mesure de satisfaire tout le monde.

Face aux multiples commandes, les différents acteurs ont fait jouer la concurrence, et donc augmenté leurs prix. Ce phénomène concerne aussi la logistique. Le nombre de bateaux de transport de marchandises étant limité et la capacité d'accueil des ports n'étant pas extensible, le prix du transport d'un conteneur s'est envolé du jour au lendemain, passant de 1 000 $ en 2019 à un pic de 14 000 $ à l'été 2021. Au printemps 2022, les prix sont descendus sous la barre des 10 000 $, mais restent de huit à neuf fois plus élevés qu'avant la crise sanitaire.

De proche en proche, cette situation de sortie de crise sanitaire a créé des goulets d'étranglement conduisant à une augmentation générale des prix, augmentation qui se répercute sur le prix final des produits. C'est ce qu'on appelle l'inflation. Conjuguée à l'envolée des prix de l'énergie en Europe pour cause de guerre en Ukraine, entre autres, l'inflation a atteint + 5,8 % en France en juin 2022 par rapport à juin 2021, et elle continue de grimper.

QUAND ÇA S'EST ARRÊTÉ, C'EST DUR DE REDÉMARRER

Le pic de la crise sanitaire est passé, mais l'ensemble du système peine à reprendre son niveau de production d'avant le covid. Pourquoi ? Il suffit qu'un des maillons ait du mal à repartir pour que l'ensemble de la chaîne patine. Dans la mondialisation, relancer un circuit de production ou simplement revenir au niveau de production antérieur n'est pas un processus instantané.

QU'EST-CE QU'ON CONSOMME TOUS LES JOURS EN FRANCE ?

	Consommation en milliards d'euros	Poids dans la valeur de la consommation
Alimentation et boissons non alcoolisées	162,2	13,11 %
Boissons alcoolisées, tabac et stupéfiants	46	3,72 %
Articles d'habillement et chaussures	44,9	3,63 %
Logement, chauffage, éclairage	325	26,28 %
Équipement du logement	58,8	4,75 %
Santé	49,2	3,98 %
Transport	173,8	14,05 %
Communications	29,4	2,38 %
Loisirs et culture	97,8	7,91 %
Éducation	5,9	0,47 %
Hôtels, cafés et restaurants	93,5	7,56 %
Autres biens et services	150,4	12,16 %
TOTAL	1 236,9	100 %

Source : INSEE 2018.

Même l'électricité française est mondialisée

◆ **La production et la distribution de l'électricité en France, qu'elle soit fondée sur l'énergie nucléaire ou les énergies renouvelables, dépendent nécessairement de composants importés.** Pour le nucléaire, l'approvisionnement en uranium provient du Niger, du Canada, de l'Australie et du Kazakhstan. Nous importons les éoliennes d'Allemagne ou d'Espagne. Pour les panneaux solaires, le marché français est largement dominé par des produits fabriqués en Chine.

ON ACHÈTE DU SERVICE

Notre quotidien est aussi fondé sur des services et de l'immatériel. Du loyer au chauffage en passant par les assurances, les abonnements numériques et tous les services de proximité (pressing, coiffeur, garagiste...), notre budget est partiellement consacré à rémunérer des prestations plutôt que des biens matériels. Ces prestations sont « locales » pour la plupart, mais rendues possibles grâce à de l'énergie et des matières premières qui viennent de loin, et à des industries mondialisées qui les ont transformées pour en faire une box Internet, un peigne en plastique, une presse à repasser, le système informatique de l'assureur...

Quand l'Ukraine se grippe, l'Europe tousse

◆ **En février 2022, l'invasion de l'Ukraine par la Russie est venue ajouter une pression supplémentaire sur les échanges commerciaux internationaux.** L'activité économique de l'Ukraine s'est ralentie, voire complètement arrêtée pour certaines productions.

Par exemple, l'entreprise Leoni a deux usines de production de câbles pour voitures électriques dans le sud-ouest de l'Ukraine. Elles ont arrêté leur activité à cause de la guerre, entraînant l'interruption des chaînes de production chez Volkswagen, Porsche et BMW en Allemagne.

L'Ukraine est aussi l'un des plus gros producteurs du gaz néon (70 % de la production mondiale), utile pour les enseignes lumineuses, mais surtout indispensable à la fabrication des microprocesseurs. Ces derniers, principalement produits en Asie (Corée du Sud, Taïwan, Chine), étaient déjà sous tension à cause de la très forte demande à la sortie de la crise sanitaire. Le conflit ukrainien a encore compliqué la production de ces composants, indispensables aux téléphones et aux ordinateurs, mais aussi aux voitures.

L'Europe bientôt en PLS ?

◆ Les décisions de sanctions économiques prises contre la Russie ont ralenti l'économie, mais ont aussi entraîné une pression sur toutes les entreprises occidentales installées sur son territoire.

Ikea, Renault ou Ford ont dû arrêter leurs usines et fermer leurs magasins en Russie. Cela affecte à la fois le marché national russe, mais aussi le chiffre d'affaires de ces groupes internationaux. Le secteur agroalimentaire mondial est aussi fortement fragilisé, puisque l'Ukraine et la Russie produisent un tiers du blé mondial et 70 % du tournesol mondial. La production agricole ukrainienne, très concentrée dans le sud-est du pays, où les combats ont fait rage, a été particulièrement bouleversée, et les sanctions contre la Russie se sont répercutées sur ses exportations. Ces denrées essentielles entraînent des manques d'approvisionnement dans de nombreux pays : vingt-six pays, dont l'Égypte, l'Indonésie, la Chine ou encore la Tunisie, dépendent du blé ukrainien ou russe pour nourrir leur population. ***De plus, tous les autres pays subissent l'impact de la pénurie qui se profile, puisque le marché du blé est international.*** Pour le blé encore disponible, le prix de la tonne s'est envolé. Il est passé de 200 €/tonne en janvier 2021 à 270 €/tonne en janvier 2022 (tensions faisant suite à la sortie de covid), et à 400 €/tonne en juin 2022.

L'arrêt ou le ralentissement de la production de denrées alimentaires peuvent avoir des conséquences **DRAMATIQUES :** ***famines et déstabilisation politique dans certains pays.***

« L'invasion russe de l'Ukraine a mis un terme à la globalisation que nous avons connue au cours des trois dernières décennies*. »

Larry Fink, PDG de BlackRock, un des plus gros fonds d'investissement au monde, dans sa lettre aux actionnaires en mars 2022.

** But the Russian invasion of Ukraine has put an end to the globalization we have experienced over the last three decades.*

La guerre ? Non, les guerres

◆ **La guerre en Ukraine a donc relancé la guerre froide entre Russes et Occidentaux, mais c'est aussi une guerre économique, où les échanges deviennent chaotiques. Chacun doit choisir son camp.**

La Chine et l'Inde n'ont pas condamné fermement les actions militaires de la Russie et souhaitent continuer à entretenir des relations commerciales avec Moscou. Cela rebat les cartes des échanges commerciaux internationaux. La Russie avait déjà commencé à s'émanciper de l'Europe pour vendre toujours plus de gaz et de pétrole à l'Asie, notamment à la Chine. Cette évolution des pratiques commerciales russes s'accélère dans le contexte de la guerre.

La globalisation a donné aux Occidentaux le sentiment illusoire que le business survivrait à toutes les tensions entre ses grands acteurs. Avec la guerre en Ukraine, l'Europe découvre l'importance de la géopolitique et son impact concret sur son territoire, notamment pour le bon fonctionnement de sa production et de son économie.

TOUCHE PAS À MON GAZ
Début 2022, l'Europe a coupé de nombreux ponts économiques avec la Russie pour cause de guerre en Ukraine, sauf celui des énergies fossiles (pétrole et gaz). Jusque-là, la Russie fournissait 40 % du gaz nécessaire à l'Europe, avec des disparités selon les pays : 50 % du gaz consommé en Allemagne, par exemple, mais seulement 16 % de celui consommé en France*. Le gaz représente tout de même 35 % de l'énergie consommée pour la production industrielle en France. Désormais, chacun doit trouver du gaz ailleurs.

* *Voir* Énergie, *de Maxence Cordiez, Tana Éditions, 2022.*

L'Europe tombe de son lit

L'Europe se réveille brutalement et se rend compte de sa très/trop forte dépendance aux échanges internationaux. La plupart des secteurs, automobile, alimentation, santé, électronique, sont déjà touchés en France. Au sein de l'Union européenne, les règles du commerce interdisent aux pays de soutenir et de privilégier leurs entreprises nationales, ce qui a fini par affaiblir la capacité de chaque pays à développer et à soutenir sa propre industrie. L'Europe a encore des capacités industrielles, mais elles n'ont cessé de diminuer depuis trente ans. Ce phénomène se combine aux manques de matières premières essentielles, absentes du sous-sol européen, comme les terres rares, et à des ressources énergétiques déclinantes, comme le pétrole extrait en mer du Nord, qui diminue drastiquement. L'Europe est donc à la merci du moindre soubresaut du commerce international.

LE GAZ, ÇA SERT POUR MOITIÉ À **CHAUFFER LES BÂTIMENTS** ET POUR UN TIERS **À FAIRE TOURNER L'INDUSTRIE.**

PERSONNE NE L'AVAIT VU VENIR
Manque de microprocesseurs et délais de livraison qui s'éternisent, liste des matériaux en rupture de stock qui s'allonge… Entre ce qui n'est plus disponible et l'inflation sur ce qui reste accessible, quel est l'avenir de nos modes de consommation ? Une forme de déglobalisation semble s'amorcer. Face à cette situation, comment va-t-on faire ? La subir jusqu'à la désorganisation sociale et économique ou tenter de l'organiser ? Nous sommes à la croisée des chemins.

Je n'ai besoin de personne...

◆ **Les crises actuelles poussent chacun à s'interroger sur la question de son autonomie.** Nous devons redéfinir notre positionnement dans un marché global qui évolue rapidement. Il est devenu indispensable de construire une stratégie cohérente, en commençant par estimer le niveau d'autonomie auquel nous voulons accéder. Ce cadre stratégique se résume en deux mots : souveraineté ou indépendance.

La souveraineté implique de pouvoir contrôler les choix essentiels qui construisent un pays. Cette idée s'est heurtée à la réalité, qui l'a rendue inapplicable en France pendant la crise du covid par exemple. Certes, la France a décidé, souverainement, que les masques seraient vendus à prix bloqués pour assurer la distribution la plus large possible, mais nous ne les produisons pas et, si ceux qui les fabriquent ne nous les fournissent pas, il n'y a pas de masques dans les rayons, quelles que soient nos décisions.

L'indépendance, quant à elle, recouvre le pouvoir de décider et celui d'agir. Elle cherche à réduire au maximum les liens commerciaux contraints avec d'autres pays. ***Dans les pays occidentaux, le volume et la diversité des besoins en produits manufacturés et intermédiaires, ainsi qu'en services, ont explosé à tel point qu'il n'est pas réaliste d'espérer produire sur notre territoire tout ce que nous consommons.***

L'autonomie représente une forme d'indépendance raisonnable qui semble accessible. Seule la sobriété de nos modes de consommation rendrait possible la production sur le territoire d'un ensemble de biens, définis comme essentiels, en limitant notre dépendance aux importations de matières premières ou de composants. Cela implique de concevoir des objets en essayant au maximum d'utiliser des compétences et des ressources disponibles dans les limites de nos frontières.

NOTRE INDÉPENDANCE S'EST DISSOUTE DANS LA MONDIALISATION AVEC L'EXPLOSION DE NOS BESOINS.

Toi et moi

◆ **La souveraineté se décide seul. L'indépendance se définit dans sa relation aux autres.** Nous devons réfléchir au niveau d'indépendance que nous souhaitons atteindre pour définir quelles relations commerciales bilatérales ou multilatérales nous devrons construire, et avec quels pays. Si nous ne pouvons pas tout produire sur notre territoire, nous devons au moins tenter d'améliorer notre autonomie, notre capacité à encaisser les soubresauts de l'économie et de la chaîne logistique mondiales pour un ensemble de produits et de services définis comme vitaux : quels aliments voulons-nous continuer à consommer ? De quels médicaments avons-nous besoin ? De quelle énergie ? etc. Nous pourrions définir alors plusieurs classes de produits et de services, de ceux pour lesquels nous souhaitons avoir un fort niveau d'indépendance car ils nous sont essentiels et ne doivent pas impliquer d'importations ou presque, jusqu'aux produits non essentiels, pour lesquels notre niveau de dépendance pourrait être plus élevé.

CUBA, OU LA RÉSILIENCE À MARCHE FORCÉE

Pendant des décennies, Cuba a entretenu des relations commerciales privilégiées avec l'URSS. La chute du mur de Berlin, en 1989, interrompt totalement l'approvisionnement cubain en pétrole, en céréales et en médicaments. Résultat : une forte baisse du PIB (– 38 % en 1990) et de graves pénuries. Cuba bascule alors dans une économie de guerre. Pour s'adapter au manque d'approvisionnement en nourriture, les petites parcelles de culture de fruits et de légumes se multiplient dans tout le pays. L'État emboîte le pas en distribuant des terres pour développer une agriculture vivrière et biologique, puisque les engrais et les pesticides chimiques sont introuvables. Entre 1990 et 2015, la main-d'œuvre agricole a été multipliée par dix. Le manque de pétrole sonne le retour de la traction animale. Dans les villes, 400 000 exploitations agricoles couvrent quelque 70 000 hectares de terres jusqu'alors inutilisées et produisent plus de 1,5 million de tonnes de fruits et de légumes. La Havane est à même de fournir 50 % de produits frais bio à ses 2 200 000 habitants, le reste étant assuré par les coopératives de la périphérie. Aujourd'hui, Cuba produit pour sa consommation plus de 70 % de fruits et de légumes, mais dépend toujours des importations pour les deux tiers de son alimentation, et notamment pour le riz et la viande.

C'EST FACILE À COMPRENDRE

· RELOCALISER ·

Pour assurer nos approvisionnements, nous n'avons pas d'autre choix que de relocaliser. La relocalisation s'oppose en général au phénomène de délocalisation des industries qui a eu lieu au cours des trente dernières années. Désormais, la relocalisation doit aussi et surtout concerner l'installation de nouvelles industries qu'il va falloir construire en prenant en compte tous les enjeux associés. La relocalisation renvoie à un rapprochement géographique des approvisionnements en matières premières et/ou en énergie et à une réduction des distances vis-à-vis des fournisseurs, ainsi que des clients, le tout dans le respect des limites planétaires.

· RÉINDUSTRIALISER ·

La réindustrialisation correspond à la phase opérationnelle de la relocalisation. Une fois que nous aurons défini les produits essentiels et quelles industries, absentes aujourd'hui, nous allons devoir construire ou reconstruire, il faudra lancer une planification stratégique pour rassembler tous les éléments nécessaires à ce processus : identification du foncier, formation des futurs ouvriers, financement et réglementation incitative.

On avait déjà capté ?

En France, depuis la fin des années 2000, l'État avait timidement commencé à prendre conscience que la désindustrialisation était allée trop loin.

Une tentative de relance, engagée dans les années 2010, peine à donner ses fruits. Les délocalisations se sont accompagnées d'un impact économique et d'un traumatisme social. Certaines ont été très médiatisées, comme celle de l'usine de sèche-linge de Whirlpool à Amiens, délocalisée en Pologne en 2018. Du coup, chaque industrie qui décide de se réinstaller en France est applaudie comme un énorme succès, mais ce type de relocalisation reste exceptionnel. Pour preuve, sur la période 2009-2020, une grosse centaine d'entreprises de l'industrie manufacturière se sont relocalisées en France alors qu'avaient lieu 466 délocalisations. En termes d'emplois, les relocalisations ont généré 9 000 nouveaux postes, soit largement moins que les 215 000 emplois perdus dans le secteur industriel sur la même période.

On va fabriquer de la high-tech ?

Dans une compétition internationale où l'objectif serait d'améliorer notre balance du commerce extérieur, la France ne peut pas miser sur les industries à fort besoin de main-d'œuvre, sauf à diminuer drastiquement les salaires en cassant notre modèle social. Il serait dans ce cas-là plus logique d'implanter des industries de pointe technologique à haute valeur ajoutée : biomédicaments, hydrogène vert, nucléaire, aéronautique. Ces industries nécessitent de très gros investissements en infrastructures (usines, machines, robots), mais surtout en recherche et développement pour continuellement se différencier de leurs concurrents en termes d'innovation.

Elles restent interconnectées au système économique mondialisé.

La précarité ou le robot

Pour l'instant, la France a choisi une stratégie de réindustrialisation concentrée sur la compétition internationale. Autrement dit, l'objectif est de ramener des entreprises, surtout high-tech, sur le sol français pour en faire de nouveaux champions qui raflent des parts de marché à la concurrence. Pour améliorer la compétitivité des entreprises sur le sol français, les gouvernements successifs ont flexibilisé le marché de l'emploi et diminué les charges sur les bas salaires, mais il n'est pas réaliste d'imaginer que le coût du travail puisse être ramené à celui de pays émergents au Maghreb ou en Asie. ***Pour conserver leur compétitivité économique, les entreprises industrielles qui se relocalisent jouent donc surtout la carte de la robotisation et de l'automatisation. Résultat : peu d'emplois humains à la clé.***

RÉINDUSTRIALISER le territoire pour faire *augmenter le PIB ou pour assurer nos besoins essentiels ?*

En fait, on veut quoi ?

La réindustrialisation en mode xxe siècle et Trente Glorieuses ressemble à une impasse. Si notre objectif est de construire une forme d'autonomie de notre production pour la population française, la stratégie devrait être tout autre. Face aux aléas de l'économie, aux impondérables de la politique internationale, aux risques sanitaires mondiaux, etc., ***tisser un maillage industriel orienté vers l'augmentation du PIB ne nous protégera pas*** si les flux commerciaux se grippent. Il serait plus pertinent de bâtir une relocalisation capable (autant que faire se peut) de garantir la satisfaction de nos besoins essentiels, une relocalisation qui nous rendrait autonomes, au moins pour ce qui relève du vital.

De l'essentiel au futile

Au cours du xxe siècle, la mécanisation et l'automatisation ont permis, grâce à des sources d'énergie abondantes et bon marché, de multiplier les productions. Les produits et les services mis sur le marché ont alors commencé à dépasser la simple satisfaction du besoin de se nourrir, qui fut l'objectif principal de l'humanité pendant des millénaires. De nombreux penseurs, chercheurs et économistes se sont emparés de la question des besoins humains dès l'avènement de la révolution industrielle. Leurs travaux ont tous cherché à établir une distinction entre les besoins biologiques absolus (manger, boire, se protéger du froid), les besoins qualitatifs (se cultiver, faire preuve d'autonomie et de créativité manuelle et intellectuelle, prendre part à la vie de la cité) et les besoins artificiels créés uniquement par l'offre de la production, sans qu'ils répondent à une attente ou à un manque particulier.

Nous devons à notre tour nous atteler à une réflexion approfondie sur ce à quoi nous voulons accéder aujourd'hui et dans l'avenir. Pour construire une stratégie pertinente sur ce que nous devrions produire sur le territoire français, nous ne pourrons pas faire l'économie d'un examen sérieux de nos modes de vie qui nous conduise à répondre à cette question clé : « De quoi ai-je vraiment besoin ? »

Certes, les réponses peuvent varier d'une personne à l'autre, mais ***c'est pourtant une nouvelle définition de ce qui nous est indispensable que nous devrons apporter,*** définition idéalement collective et démocratique. Le résultat de cette réflexion forgera la société que nous porterons dans les prochaines décennies et le monde que nous léguerons à nos enfants.

On est contraints de tous les côtés

◆ **Penser la réindustrialisation au regard de nos vrais besoins est une nécessité, mais notre liberté de choix et d'action en matière économique et industrielle est loin d'être sans entraves.** Sur une planète au climat déréglé, face à une biodiversité qui s'effondre, les États, dont la France, se sont engagés à réduire drastiquement leurs émissions de gaz à effet de serre (GES) et à décarboner leur économie dans les années qui viennent pour contenir le réchauffement climatique.

La France entend stopper l'artificialisation sur son territoire pour préserver le vivant. Les déchets liés à ce que nous consommons sont en passe de nous engloutir. En parallèle, les ressources en énergie et en matières premières s'amenuisent. Ces facteurs constituent le cadre supplémentaire à l'intérieur duquel nous devons penser la réindustrialisation. Pas simple.

ALLÔ, QUOI !
L'exemple typique de l'objet que nous devrions examiner froidement, c'est le téléphone portable. Pour la plupart des moins de 30 ans, se passer d'un smartphone pendant une journée est inimaginable. Perdre le contact avec ses pairs, via Insta ou Snapchat, ignorer la dernière nouveauté sur TikTok, ne pas partager ses trouvailles sur Twitch, ne pas liker, ne pas mettre de flammes... c'est s'exclure du monde. Notre société a fait de cet outil une marque essentielle de statut social. Pourtant, si sa production devenait plus difficile, si son prix augmentait, il nous faudrait bien réfléchir à la place que nous souhaitons lui accorder dans l'avenir.

PRODUIRE, C'EST POLLUER

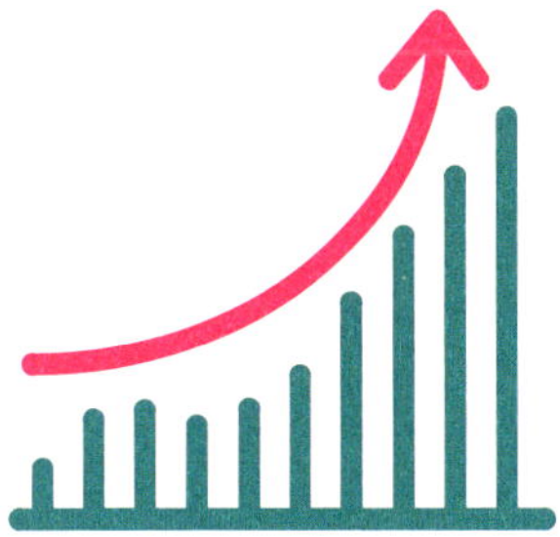

RELOCALISER, RÉINDUSTRIALISER LE TERRITOIRE, D'ACCORD...

Sauf que, quand on produit, on pollue, et plus on produit, plus on émet de GES, plus on artificialise les sols, plus on génère de déchets. On n'a plus beaucoup d'industries sur notre sol, mais elles ont déjà une belle empreinte carbone car, quoi qu'on fasse, une filière industrielle a besoin d'extraire des matières premières, de les transformer, de les transporter avec des énergies, notamment fossiles. Autant d'étapes qui crachent leur lot de CO_2, autant d'espaces à artificialiser pour installer usines ou entrepôts, autant de déchets en fin de cycle. Réindustrialiser le territoire pour combler nos attentes consuméristes tout en respectant nos engagements environnementaux risque de ressembler à un casse-tête inextricable.

Beaucoup avec peu

◆ **L'industrie française émet des GES en nombre alors qu'on est loin de fabriquer sur le territoire tout ce qu'on consomme chaque jour.** La grande majorité de nos émissions de GES provient de trois secteurs industriels. Ces filières ne pèsent pas le plus lourd dans notre économie et, pourtant, sont déjà très fortement émettrices de CO_2. Médaille d'or des GES en France, la chimie, qui fabrique les gaz industriels, les colorants et les pigments, les produits azotés et les engrais, les détergents, les cosmétiques, les produits pharmaceutiques… La médaille d'argent revient à la fabrication de minéraux non métalliques, qui couvre la production du ciment, de la chaux ou du verre, autant de matériaux qui sont au cœur de la construction et du BTP. Enfin, médaille de bronze, la métallurgie, qui inclut la fabrication de tuyaux, de tôles ou de pièces en métal dont on a besoin pour construire les bâtiments, fabriquer les voitures, les trains, les avions et les bateaux. *Ces trois filières totalisent près de 60 % des GES industriels, émis directement par les processus chimiques de fabrication ou par la combustion des énergies fossiles* nécessaires à leur fonctionnement. L'agroalimentaire arrive juste derrière.

PEU D'INDUSTRIES, MAIS BEAUCOUP DE GES

Émissions de gaz à effet de serre en France par secteur industriel en 2019 (Mt $eqCO_2$)

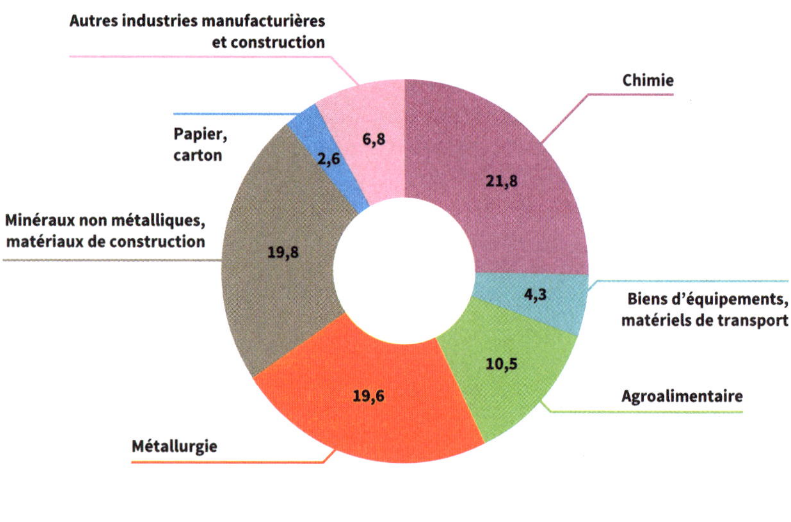

Source : Citepa.

T'as zappé la SNBC ?

◆ **Les activités industrielles en France, comme tout le reste, sont supposées suivre une trajectoire de décarbonation définie par la Stratégie nationale bas-carbone (SNBC),** élaborée par le gouvernement en 2015 et mise à jour en 2019.

Cette stratégie doit nous conduire à la neutralité carbone en 2050. L'industrie, toutes filières confondues, doit donc atteindre un objectif chiffré de réduction des GES, année après année.

Et ce n'est pas rien : la diminution des émissions de GES pour le secteur industriel est fixée à – 35 % en 2030 par rapport à 2015, et à – 81 % en 2050. En clair, l'industrie française est tenue, par tous les moyens possibles, de réduire ses émissions de gaz à effet de serre de 4 % chaque année d'ici à 2030, et de les réduire encore des deux tiers au cours des deux décennies suivantes. C'est le seul et unique moyen de juguler le réchauffement climatique et d'espérer le limiter à 2 °C.

Arkema, roi de la chimie et roi des GES

◆ **Premier groupe chimique français (mais quarantième mondial), Arkema est né de la restructuration de la branche chimie de Total en 2004.** Le groupe est actif sur trois segments spécifiques : les matériaux de haute performance (adhésifs, polymères techniques, etc.), la chimie industrielle (gaz fluorés, eau oxygénée) et les matériaux pour revêtements (acryliques, résines...). Il dispose en France de vingt-six sites de production et de sept centres de recherche et développement. Arkema vise une réduction de 38 % de ses émissions de GES en 2030 par rapport à 2015. Au niveau mondial, le groupe a déjà réduit ses émissions liées aux procédés de fabrication de 37 % entre 2012 et 2019, pour atteindre 3,8 millions de tonnes d'équivalent CO_2 (Mt eqCO_2) par an. La même année, les émissions de GES dues à l'usage des produits Arkema par ses clients se montaient à 12,5 Mt eqCO_2. ***Les clients du groupe provoquent donc 3,5 fois plus d'émissions de GES par leur utilisation des produits que le groupe pour les fabriquer.*** En 2019, le secteur de la chimie* a émis 21,8 Mt eqCO_2, soit 25,4 % du secteur de l'industrie, ce qui représente 5 % des émissions totales de gaz à effet de serre (GES) en France.

** Selon le rapport Secten édition 2020 du Citepa.*

La métallurgie veut serrer les boulons

◆ ArcelorMittal a annoncé en 2022 un investissement de 1,7 milliard d'euros pour changer trois de ses hauts fourneaux produisant de l'acier dans ses usines de Dunkerque (Nord) et Fos-sur-Mer (Bouches-du-Rhône).

Les anciens systèmes au charbon seront remplacés par des fours électriques et des techniques de réduction du fer à base d'hydrogène à partir de 2027. L'activité industrielle d'ArcelorMittal est responsable en France de 25 % des émissions de gaz à effet de serre du secteur industriel, et donc de 4,5 % des émissions totales de la France. En combinant les avantages de ces nouveaux fours avec la capture et le stockage de carbone, *ArcelorMittal annonce une réduction de 40 % de ses émissions de GES en France d'ici à 2027… sauf que les technologies de capture d'émissions de CO_2 industrielles ne sont pas encore au point.* Cette annonce est donc un pari risqué, les futures réductions de GES d'ArcelorMittal n'étant pour l'instant que théoriques. De plus, une fois la baisse des GES obtenue la première année, il n'y aura pas de réduction supplémentaire l'année suivante. Les premières baisses d'émissions de GES sont souvent les plus fortes et les plus faciles à obtenir quand on améliore une technologie.

EN AMÉLIORANT UNE TECHNIQUE INDUSTRIELLE, ON OBTIENT UNE BAISSE SIGNIFICATIVE DES ÉMISSIONS DE GES. ENSUITE, **IL EST BEAUCOUP PLUS DIFFICILE DE CONTINUER À RÉDUIRE SON EMPREINTE CARBONE.**

SANS AVOIR RELOCALISÉ, la France s'est fixé l'objectif de réduire ses émissions industrielles de GES de 35 % en 2030 par rapport à 2015 et de 81 % en 2050, autrement dit ***de diminuer de 4 % en moyenne ses émissions de carbone CHAQUE ANNÉE.***

Le captage du CO_2, c'est quoi ?

◆ **À l'échelle planétaire, nous émettons 36 milliards de tonnes de CO_2 par an, et ce chiffre continue d'augmenter.** Nous devons donc réduire drastiquement nos émissions de GES, mais au rythme actuel ces efforts à eux seuls ne suffiront pas à contenir l'augmentation des températures sous la barre de + 1,5 °C.

En complément, la plupart des acteurs institutionnels, étatiques ou industriels, misent sur les techniques de captage du CO_2 pour y parvenir. **Il en existe deux : celle où le CO_2 est capté à la sortie des cheminées des usines et celle où il est aspiré directement dans l'air.** À la sortie des cheminées d'usine, pour empêcher le CO_2 de partir dans l'atmosphère, on utilise un solvant chimique liquide qui le sépare de la fumée émise. Ce solvant se lie au CO_2, ce qui permet d'extraire le mélange, puis on sépare le solvant et le CO_2. **Pour la deuxième technique, on aspire l'air avec de grands ventilateurs, puis on filtre le CO_2 pour le séparer de l'air « pur », toujours par une réaction chimique.** La plus grande usine de ce type dans le monde, située en Islande, mélange le CO_2 filtré avec de l'eau et l'injecte à 1 000 mètres de profondeur dans le basalte, où il se transformera en roche en deux ans*. Le site islandais tire son énergie de la géothermie, énergie renouvelable particulièrement présente dans ce pays, ce qui lui assure un bilan carbone négatif. L'usine n'émet que 10 % du CO_2 qu'elle capte. Dans ces conditions, ***l'expérimentation islandaise pourrait sembler prometteuse,*** sauf que ses résultats sont très modestes puisqu'elle ne peut capter que 4 000 tonnes de CO_2 par an, soit les émissions de moins de 400 Français en une année. On imagine le nombre d'unités de ce type qu'il faudrait installer pour compenser les 36 milliards de tonnes de dioxyde de carbone émises en 2021 sur la planète.

De plus, les techniques de ce type coûtent très cher. D'ailleurs, après avoir dépensé plus d'un milliard de dollars dans plusieurs projets de capture et de stockage de carbone depuis 2009, l'administration américaine a jeté l'éponge. Soit les projets étaient beaucoup trop chers pour être généralisés, soit ils émettaient au final davantage de CO_2 qu'ils n'en capturaient.

* *Le plus souvent, le CO_2 capté pourrait être stocké dans des réservoirs souterrains de pétrole ou de gaz que l'on a déjà pompé.*

Bilan carbone : zéro

◆ **La neutralité carbone, c'est parvenir à un système qui émet autant de GES que ce qu'il peut capter, de manière à ne plus ajouter du tout de CO_2 à l'atmosphère.** Pour l'instant, nous émettons chaque année quatre fois plus de GES au niveau planétaire que ce que la terre, par ses sols, ses forêts et ses océans, peut absorber.

À ce jour, aucun système artificiel de captation ne sait éliminer le carbone de l'atmosphère à une échelle suffisante pour lutter contre le réchauffement de la planète. Le système sur lequel mise l'industrie, pour l'instant, c'est celui de la compensation. Je crache du CO_2 et, pour compenser, je plante des arbres qui, théoriquement, absorberont autant de CO_2 que ce que j'ai émis sur une année. Mais les arbres doivent grandir pendant plusieurs années pour capturer la quantité de CO_2 émise en une seule année par l'entreprise. Entre-temps, ils peuvent mourir, notamment à cause du réchauffement climatique et de la sécheresse. Par ailleurs, ils sont toujours des victimes potentielles de feux, qui feraient partir en fumée la séquestration du CO_2 prévue. Il est donc plus sérieux de s'atteler à réduire les émissions de GES que de compter sur les arbres pour sauver le climat.

D'OÙ ON VIENT ET OÙ ON DOIT ALLER

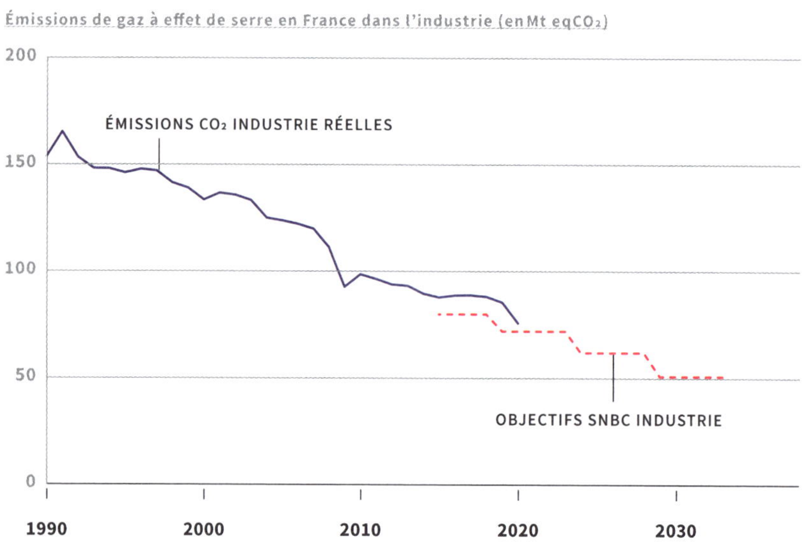

Source : SNBC (Stratégie nationale bas-carbone).

C'EST FACILE À COMPRENDRE

· L'ÉQUATION DE KAYA ·

Développée par l'économiste japonais Yoichi Kaya en 1993 dans son ouvrage *Environment, Energy, and Economy: strategies for sustainability*, l'équation qui porte son nom permet de **décomposer les émissions de CO_2 en différents facteurs pour identifier les leviers d'action possibles pour les réduire. Cette équation mixe population, économie et énergie.**

OBJECTIF

CO_2 = Population x Richesse produite par habitant x Efficacité énergétique pour produire de la richesse x Quantité de CO_2 émise par unité d'énergie consommée

CO_2	Population	Richesse produite par habitant	Efficacité énergétique pour produire de la richesse	Quantité de CO_2 émise par unité d'énergie consommée
– 4 %/an	+ 0,55 %/an	+ 1,3 %/an	– 1,7 %/an	– 0,8 %/an

COMMENT RÉDUIRE NOS ÉMISSIONS DE GES DE 4 % PAR AN ?
Il faut qu'au moins un paramètre de l'équation diminue fortement ou que plusieurs facteurs diminuent significativement.

La population française s'accroît d'environ 0,5 % par an : c'est un facteur qui augmente et qu'on n'envisage pas de réduire. On sait (un peu) optimiser notre efficacité énergétique grâce à l'amélioration des processus de production. On sait (un peu) diminuer la quantité de CO_2 émise par unité d'énergie consommée en augmentant la part d'énergies décarbonées (énergies renouvelables et nucléaire).

Dès que la croissance du PIB dépasse 1 %, il est pratiquement impossible d'obtenir une baisse significative des émissions de CO_2, la croissance tirant les émissions vers le haut*. **On doit diminuer dès maintenant de 4 % par an nos émissions de CO_2 en France pour atteindre l'objectif de – 35 % en 2030 par rapport à 2015.**

COMMENT ALLONS-NOUS FAIRE ? Il reste un seul facteur sur lequel nous pouvons jouer : ***la croissance du PIB par habitant.*** Nous devons accepter qu'elle soit plus faible, voire nulle ou négative, pour atteindre notre objectif.

* *Voir* Décroissance, *de Vincent Liégey, Tana Éditions, 2021.*

On a délocalisé nos GES industriels

◆ **En 2019, l'industrie manufacturière en France a émis 78 millions de tonnes d'équivalent CO_2,** contribuant à l'effet de serre. Avec 18 % des émissions totales, elle représente le quatrième poste d'émissions de GES de l'Hexagone. Par comparaison, l'industrie manufacturière en 1990 était le premier poste d'émissions de GES, avec 26 % du total. On a donc réduit les GES industriels de 46 % entre 1990 et 2019 grâce à la bascule dans les activités de service d'une grande partie de l'économie, grâce à l'amélioration de l'efficacité énergétique des procédés industriels, grâce à l'accroissement de la part de notre énergie provenant de sources décarbonées (nucléaire et renouvelables), et enfin ***et surtout grâce à la baisse de la production industrielle nationale, remplacée par des importations.***

Les pays qui produisent nos biens de consommation ÉMETTENT, pour les fabriquer, *beaucoup de GES que nous devons reprendre à notre compte.*

Ailleurs, c'est pire

◆ **Nos importations ont une empreinte carbone souvent plus élevée que celle des produits fabriqués sur le territoire français.** Elles ont augmenté de 58 % en valeur entre 2005 et 2019. Les importations de biens intermédiaires (ceux qui entrent dans la fabrication d'un produit fini, comme du caoutchouc ou des microprocesseurs, par exemple) et celles de produits de consommation représentent désormais la moitié de l'empreinte carbone de la France en 2019. Cependant, la production dans les pays exportateurs s'est améliorée en intensité carbone depuis le milieu des années 2000. Le bilan carbone des importations a baissé globalement de 43 % entre 2005 et 2019. On constate une amélioration des gains d'efficacité énergétique, notamment en Asie, mais le système de production partait de très loin. En 2000, la Chine produisait son électricité à 80 % à partir de centrales thermiques utilisant des énergies fossiles (charbon, pétrole, gaz). Par conséquent, les premières réductions de son bilan carbone, en adoptant des énergies renouvelables, sont les plus faciles et les plus rapides à obtenir. Les prochaines baisses d'émissions vont être beaucoup plus compliquées à réaliser. Pour preuve, la Chine produit toujours en majorité grâce au charbon : 368 nouvelles centrales électriques au charbon étaient en cours de construction en 2021.

En France, on n'a pas de pétrole mais on a du béton

◆ **Toutes les activités industrielles consomment des matières premières.** Certaines sont extraites dans l'Hexagone et d'autres sont importées. Nous disposons localement de matières premières indispensables à certains secteurs.

Nous récoltons, extrayons et consommons surtout des produits agricoles et des minerais pour la construction. Nous importons peu ces ressources, ce qui nous rend relativement indépendants. Les matériaux utilisés dans la construction constituent la moitié des matières consommées en France.

En 2018, nous avons consommé 774 millions de tonnes de minerais, dont environ 14 % étaient importés. Ce chiffre est à peu près constant depuis trente ans. Le secteur de la construction est le plus gros consommateur de matières premières, en termes de poids, et un très gros émetteur de GES et de déchets.

La France étant la première puissance agricole européenne, les produits importés issus de l'agriculture et de la pêche représentent environ 45 millions de tonnes par an (sur un total de près de 350 Mt/an) et sont pratiquement stables depuis 2004.

Matières et dépendances

◆ **Depuis plusieurs années, l'Europe a identifié sa forte dépendance à l'importation de certains minéraux.** Parmi les 83 matières premières qui lui sont absolument nécessaires, elle considère que 30 minéraux sont critiques en termes d'approvisionnement. Pour ces matières, elle se fournit à 80 % au-delà de ses frontières, en particulier en Chine (pour plus de la moitié). Il s'agit du magnésium, pour les secteurs automobile et aéronautique, du phosphore, à la base de nombreux engrais, du titane, un minerai métallique indispensable au secteur aéronautique, du tungstène, pour l'électronique, etc.

Et ce n'est pas tout. Pour juguler le réchauffement climatique, on doit réduire notre consommation d'énergies fossiles, et pour cela généraliser l'électrification. ***Certaines matières premières, indispensables pour fabriquer des éoliennes, des panneaux solaires ou des batteries, vont commencer à manquer dès le milieu du siècle.*** Plus de la moitié des ressources en cobalt, 53 % des ressources en cuivre et 60 % des ressources en nickel seraient consommées en 2050. Pour le lithium, il y a moins de pression puisque le seuil de 32% de ressources consommées sera atteint en 2050, mais l'extraction de 50 % de ce métal est concentrée dans trois pays (Chili, Argentine, Bolivie). Quand le monde entier dépend de trois pays producteurs sur le même continent, pays qui pourraient ne plus vouloir ou ne plus pouvoir fournir l'industrie planétaire, cela crée une dépendance forte.

LES NOMBREUX PICS DE PRODUCTION DES MATIÈRES PREMIÈRES ESSENTIELLES, PRÉVUS AUTOUR DE 2050, **NOUS FONT ENTRER DÈS MAINTENANT DANS UNE ZONE D'INCERTITUDE.**

Stop ou encore ?

◆ **Le calcul du niveau critique des ressources établi par l'Europe prend en compte de multiples facteurs, dont l'importance économique d'une matière première, la variété des sources d'approvisionnement, la stabilité politique dans les pays fournisseurs, les possibilités de substitution et la croissance de la demande.**

La compétition internationale est déjà forte pour l'accès aux ressources, et cette tendance ne fera que s'exacerber avec la diminution des stocks disponibles. La guerre en Ukraine met en lumière la dépendance de l'Union européenne face à ses approvisionnements en pétrole et en gaz, entre autres. Premier pays exportateur, la Chine a posé des restrictions sur les volumes d'export des terres rares, indispensables pour fabriquer les aimants permanents qu'on trouve dans les téléphones, les générateurs ou les alternateurs. Résultat : ***nos capacités de production et de consommation sont indexées sur le bon vouloir des pays qui détiennent les ressources qui nous sont indispensables.*** De plus, ces modèles ne prennent pas en compte une évolution des réglementations environnementales qui ajouterait des contraintes à la production de minerais. Par exemple, le Salvador a banni en 2017 toute exploitation minière de métaux, malgré ses ressources en or et en argent, dans le but de protéger ses eaux qui, faute de traitement, étaient déjà très polluées.

Material overshoot*

◆ **Une étude publiée en 2022 a évalué l'excès de consommation de matières premières par pays entre 1970 et 2017 par rapport à un seuil annuel défini comme soutenable.**

Sur cette période, et sur les 1 200 gigatonnes de matières premières extraites au-delà des limites soutenables, la France en a consommé 3 %. Ce pourcentage peut paraître faible, mais la population française ne représente que 0,8 % de la population mondiale. Un rapide calcul nous amène à ce constat : nous consommons 3,75 fois plus que ce que nous devrions consommer au regard de notre population. Les pays riches dans leur ensemble ne représentent que 16 % de la population mondiale mais ont consommé 74 % de l'excès de matières premières par rapport au seuil de soutenabilité planétaire.

* *« Dépassement de ressources ».*

SI LE MONDE ENTIER CONSOMMAIT COMME LES FRANÇAIS,
IL FAUDRAIT À L'HUMANITÉ

2,9

PLANÈTES

CHAQUE ANNÉE.

NOUVEAUX FILONS
La découverte de nouveaux gisements n'empêchera probablement pas les pénuries, puisque nous extrayons toujours en premier les matières les plus accessibles. En clair, si d'autres filons sont découverts, dans les fonds sous-marins par exemple, ils seront forcément plus compliqués à exploiter, et donc plus coûteux. Cela ne nous permettra pas de compter sur ces ressources dans des conditions aussi favorables qu'aujourd'hui.

Nous importons tout le reste

◆ **La part des énergies fossiles, pétrole, gaz et charbon, représente la moitié des matières premières que nous achetons à l'étranger.** Si on inclut l'énergie et les produits agricoles, nous extrayons 635,9 millions de tonnes de matières premières sur notre territoire et nous en importons 341,7 millions de tonnes (en 2018). Le reste de nos importations est composé pour 25 % de produits semi-finis, comme des matières brutes transformées (fibres synthétiques, pâte à papier, caoutchouc naturel...), qui seront utilisées dans une production industrielle. Le dernier quart de nos importations concerne les produits manufacturés.

Pour faire tourner les usines, il faut de l'électricité

◆ **En France, l'électricité et le gaz représentent chacun 35 % environ de l'énergie finale consommée par le secteur industriel.** L'électricité est majoritairement produite par des centrales nucléaires (67 % en 2020), et les énergies renouvelables en ont généré 26,9 %. Mais nous ne fabriquons ni éoliennes ni panneaux photovoltaïques, et le nucléaire nécessite non seulement d'importer de l'uranium, mais nous oblige aussi à compter sur les capacités de la métallurgie japonaise pour produire des pièces essentielles du nouvel EPR de Flamanville, notamment. Nous avons mis des barrages partout où c'était possible. ***Aucun nouveau barrage hydroélectrique d'envergure ne peut être installé en plus de ceux qui existent déjà.*** L'augmentation de puissance prévue en France par la PPE (programmation pluriannuelle de l'énergie) pour l'hydroélectricité est à 60 % liée à l'optimisation des infrastructures existantes.

Il faut dix ans pour construire une nouvelle centrale nucléaire, et les centrales existantes vieillissent et ont besoin de travaux de maintenance importants, qui imposent des arrêts prolongés. Les énergies éolienne et solaire peuvent être activées plus rapidement, mais progressent doucement dans le mix électrique (9 % pour l'éolien et 3 % pour le solaire). Si nous voulons électrifier notre système productif pour être moins dépendants des énergies fossiles*, nous serons confrontés à des tensions sur notre approvisionnement électrique dans la décennie à venir.

* *Voir* Énergies, *de Maxence Cordiez, Tana Éditions, 2022.*

L'industrie nécessite de l'énergie, DONT UNE GROSSE PART D'ÉNERGIES FOSSILES, CHARBON, PÉTROLE ET GAZ, pour créer de la richesse, puisqu'elle doit transformer, chauffer, refroidir, transporter, etc.

DÉCHETS D'USINES
Toutes les industries génèrent des déchets, même si une proportion grandissante est recyclée. Le secteur de la construction consomme énormément de matières premières. Il a produit 265 millions de tonnes de déchets en 2018, ce qui en fait le premier producteur de déchets en France. Il génère 70 % des déchets industriels globaux, en a recyclé 73 % en 2018, notamment pour le béton, les tuiles ou les briques. Mais, comme on construit plus vite que l'on ne détruit de bâtiments, ces matières recyclées ne couvrent que 28 % environ des besoins. Il faut donc aller puiser, chaque année, de grandes quantités de matières premières supplémentaires.

Pour faire tourner les usines, il faut du gaz

◆ **Le pic de production du gaz a été dépassé pour les sites de l'Europe de l'Ouest, et il semble se profiler autour de 2040 à l'échelle mondiale, d'après une étude récente*.**

Cependant, la géopolitique est venue s'immiscer et accroître un déséquilibre à long terme, déjà enclenché. L'Union européenne, qui souhaite réduire, voire annuler, sa dépendance au gaz russe, se tourne vers la production américaine de gaz de schiste pour compenser. Cette bascule prendra plusieurs années et contribuera à détériorer davantage notre bilan carbone. ***L'extraction du gaz de schiste cause de terribles dégâts environnementaux.*** En plus, ce gaz fourni par les Américains nous arrive par bateaux sous forme liquéfiée (gaz naturel liquéfié, GNL). Il faut donc commencer par liquéfier le gaz, le transporter par bateau, puis le regazéifier à l'arrivée. Ces opérations consomment de l'énergie et sont source d'émissions de gaz à effet de serre supplémentaires.

* *L. Delannoy, P.-Y. Longaretti, D.J. Murphy et E. Prados (2021), « Assessing Global Long-Term EROI of Gas: A Net-Energy Perspective on the Energy Transition »,* Energies, *14(16), 5112.*

Pour faire tourner les usines, il faut du pétrole

◆ **Le pétrole est indispensable au fonctionnement des industries en France.** Il est utilisé comme source d'énergie dans les usines (4,3 % de la consommation d'énergie du secteur industriel en 2019) ou sous forme de diesel pour le transport des produits (99 % des camions en France roulent au diesel). Le pétrole est également une matière première essentielle de la chimie organique de base : la pétrochimie. Elle permet de fabriquer des produits intermédiaires (propylène, acétone, éthanol...), qui sont ensuite utilisés comme matières premières pour la cosmétique, l'électronique, l'aéronautique. On produit également des matières plastiques (polyéthylène, polypropylène) destinées aux industries de l'emballage, de l'automobile et de la construction. Le pétrole étant entièrement importé, c'est une dépendance supplémentaire forte de notre pays.

Construire ou laisser vivre

◆ **À l'échelle mondiale, 1 million d'espèces animales et végétales sont aujourd'hui menacées d'extinction** selon le dernier rapport de la Plateforme intergouvernementale sur la biodiversité et les services écosystémiques (IPBES). Un déclin sans précédent, auquel contribue largement l'artificialisation des terres. L'objectif « zéro artificialisation nette » (ZAN) en 2050 a été inscrit dans la loi Climat et Résilience adoptée en France en 2021, avec pour objectif intermédiaire de réduire de moitié le rythme d'artificialisation d'ici à 2031.

Du coup, comment réindustrialiser la France sans bétonner pour laisser de la place au vivant (forêt, zones humides, terres agricoles, prairies) ? Au rythme actuel, sans prendre en compte les besoins d'une réindustrialisation majeure, le foncier que toutes les activités productives (usines et bureaux) artificialiseront chaque année en Île-de-France est estimé entre 240 et 300 hectares par an d'ici à 2030. Ça veut dire qu'on devra prendre à la nature 2 100 hectares. Cela correspond à la superficie de 3 000 terrains de football.

Face à la crise environnementale, on est supposés, comme tous les pays riches, *engager une réduction massive de nos émissions de gaz à effet de serre, préserver la biodiversité, stopper l'artificialisation des sols et combattre toutes les formes de pollution…* le tout dans un monde où les ressources se raréfient et où les tensions s'accroissent.

Toutes choses égales par ailleurs

◆ **Pour rassurer les promoteurs immobiliers,** les industriels et les communes qui tirent un avantage financier de l'installation de nouveaux bâtiments, notamment industriels, sur leur territoire, la contrainte de la zéro artificialisation nette sera estimée à l'échelle nationale. En clair, cela signifie que, si l'on construit sur un terrain précédemment naturel, il faudra « renaturer » une surface équivalente, même si c'est à l'autre bout de la France. Cela revient à considérer que tous les territoires se valent, or c'est faux. ***Sacrifier une zone humide qui abrite une inestimable biodiversité pour lui substituer une friche quelconque à des centaines de kilomètres ne contribue pas à freiner l'effondrement du vivant.***

De l'eau dans les rouages

◆ **Pour produire, il faut de l'eau,** que ce soit pour refroidir les machines, pour produire de la vapeur ou pour nettoyer les produits. Les études estiment que chacun de nous utilise une moyenne de 186 mètres cubes d'eau par an à travers sa consommation de produits industriels, ce qui équivaut à 330 baignoires pleines. L'eau « importée » est l'eau utilisée lors de la fabrication des produits que nous faisons venir d'autres pays. Elle représente près des deux tiers de notre empreinte eau industrielle. Cette eau, utilisée pour une bonne part dans les pays en voie de développement et qui n'est pas toujours traitée et purifiée avant d'être rejetée après usagedans la nature, contribue aux pollutions sur les lieux de production.

COMMENT VA-T-ON FAIRE POUR PRÉSERVER L'ENVIRONNEMENT TOUT EN RELOCALISANT DES INDUSTRIES ?

L'industrie du futur sera sobre ou ne sera pas

◆ Un nouveau concept est en train de s'élaborer, qui prend en compte toutes les limites planétaires, autrement dit les contraintes écologiques, de ressources, de sobriété : la redirection écologique appliquée à l'industrie.

Il s'agit de produire localement de manière raisonnable et mesurée pour satisfaire d'abord les besoins essentiels de la population. En janvier 2021, un rapport commandé par la Commission européenne et consacré à l'avenir de l'industrie propose de repenser ses objectifs pour les amener au-delà d'une production de produits et de services qui dégage du profit. Le rapport suggère trois valeurs clés pour cette nouvelle industrie : *l'humain au centre, la soutenabilité et la résilience.*

Se centrer sur l'humain implique une nouvelle manière d'aborder la question technique. Plutôt que de partir d'une innovation technologique et d'identifier tous les avantages et les profits que l'on pourrait en tirer, il s'agit d'évaluer en quoi cette technologie peut répondre à de véritables besoins humains. Cela revient à dire que certaines technologies ne répondant pas à un besoin essentiel identifié pourront être écartées.

Pour que l'industrie respecte les limites planétaires, elle doit être soutenable en réduisant ses émissions de gaz à effet de serre, ainsi que sa consommation d'énergie et de matières premières. **Cette industrie du futur doit renforcer la résilience de ses chaînes de valeur, c'est-à-dire sa capacité à s'adapter aux perturbations du marché mondial pour assurer l'indispensable en temps de crise, comme l'alimentation, la santé ou l'énergie.**

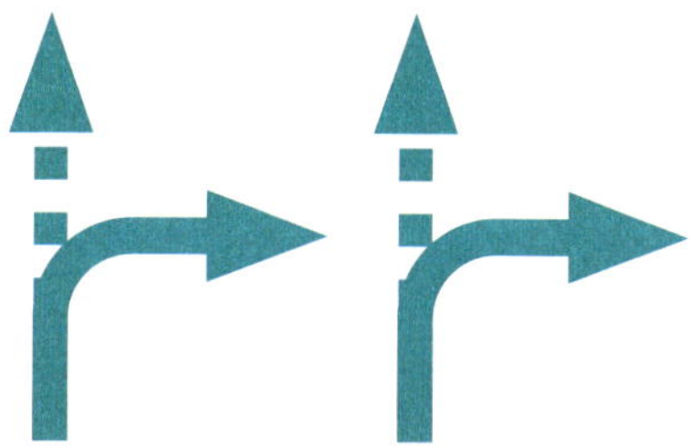

DE LA REDIRECTION ÉCOLOGIQUE DE L'INDUSTRIE

Inspiré par les travaux du chercheur australien en design Tony Fry, le concept de redirection écologique est porté en France par Origens Media Lab au sein de l'École supérieure de commerce (ESC) de Clermont-Ferrand. Pour l'instant, la transition écologique envisage les limites planétaires et climatiques (GES, pénuries de ressources, cycle de l'eau, pollutions...) comme un problème de moyens : notre système économique est polluant, et il suffira de l'améliorer pour y remédier. A contrario, la redirection écologique industrielle part du principe que ces limites d'habitabilité de la planète doivent provoquer une réflexion sur la finalité même de nos productions manufacturées et, pour certaines, sur leur pérennité.

Produire et consommer durable

◆ **Nous ne pourrons pas relocaliser toutes les productions qui contribuent à notre confort.** En même temps, nous souhaitons gagner en autonomie sur nos besoins essentiels. La somme de toutes ces contraintes doit nous conduire à réduire et à renoncer. Nous devrons moins nous attacher à certains produits et services, voire apprendre à nous en passer et limiter nos besoins pour qu'ils soient compatibles avec notre capacité de production. Un nouveau développement de l'industrie en France devra nécessairement être pensé en prenant en compte ses impacts écologiques, mais également les disponibilités de l'énergie et des matières premières. Si une partie significative de la production est à nouveau effectuée en France tout en conservant notre système social, les prix de certains produits vont nécessairement augmenter. C'est le prix de l'indépendance.

NOUS REVIENDRONS À UN MODÈLE SOBRE EN OBJETS ET EN SERVICES QUE NOUS PAYERONS **PLUS CHER, MAIS QUE NOUS CONSERVERONS LONGTEMPS,** QUE NOUS MUTUALISERONS ET QUE NOUS RÉPARERONS.

ALORS, QU'EST-CE QU'ON FABRIQUE ?

RELOCALISER LES INDUSTRIES, C'EST FABRIQUER UNE PLUS GRANDE DIVERSITÉ DE BIENS SUR LE TERRITOIRE.

Pour assurer notre autonomie, il faut donc produire plus… mais en polluant moins, en économisant les ressources, en préservant le vivant et la biodiversité. Ça ressemble à une gageure. La seule façon d'y arriver s'appelle la sobriété. Relocaliser en tenant compte des limites que nous impose la planète va nous obliger à choisir… et à renoncer.

On ne peut pas produire des SUV, des smartphones, des cuisines intégrées ou des tee-shirts en polyester en quantités industrielles sans recourir massivement aux énergies fossiles, sans dépendre de ressources et de matières premières qu'on est forcés d'importer et sans émettre des gaz à effet de serre (GES). Les productions industrielles à implanter ou à réimplanter devront donc prouver leur pertinence, leur utilité.

GAGNER EN AUTONOMIE INDUSTRIELLE, ÇA PASSE PAR REPENSER NOTRE RELATION AUX OBJETS.

La réindustrialisation à l'étude

◆ **Depuis 2019, de nombreuses études* ont tenté de définir les produits essentiels,** issus de secteurs « stratégiques » parce que vitaux pour le bon fonctionnement du pays, que nous aurions intérêt à relocaliser :

- **les produits de santé ;**
- **les produits agroalimentaires ;**
- **les services de fourniture et de distribution d'eau ;**
- **les services de fourniture, de transport et de distribution d'énergie ;**
- **les services de télécommunications.**

Jusque-là, on est d'accord. Boire et se laver, manger, se soigner, se chauffer, se déplacer et communiquer sont des actes essentiels dans une vie humaine… mais ces notions sont vagues.

On mange grâce à un fast food et UberEat ? On se chauffe au fuel à 22 °C l'hiver et on met la clim à fond l'été ? On prend sa voiture pour aller au marché ou emmener les enfants à l'école ? On change son smartphone tous les ans ? Nous n'aurons jamais le tissu industriel nécessaire pour assurer un tel mode vie de manière autonome sur le territoire, et nous importerons énergies et matières premières dans des quantités toujours plus importantes, sans parler du bilan carbone, qui exploserait. Nous devons donc définir comment et avec quoi nous voulons nous livrer à toutes les actions humaines indispensables dans notre quotidien.

* *Études de PwC, Accenture, du Haut-Commissariat au plan, de France Stratégie ou du conseil général de l'Industrie.*

Relocalisation hors sol

◆ **Les études qui se penchent sur la réindustrialisation partent généralement du déficit de notre balance commerciale pour identifier les produits que nous devrions produire sur notre territoire au lieu de les importer.**

En clair, ces études considèrent que nous voulons à tout jamais consommer les produits auxquels nous avons accès aujourd'hui et que, pour combler nos appétits consuméristes, il ne nous reste qu'à nous lancer dans une vaste opération de réindustrialisation. Cette stratégie n'est associée à aucune sélection de produits que nous souhaitons et pourrons toujours consommer en les produisant localement. Subordonner nos choix de réindustrialisation à la demande est un critère trop large. Il y a une forte demande en France pour les SUV, mais cela ne veut pas dire qu'il serait pertinent de rapatrier leur production.

Pour l'instant, les experts ont passé au crible chaque secteur de consommation sur la base d'une poignée de critères : dépendance aux importations, concentration de nos approvisionnements auprès d'un nombre réduit de fournisseurs, risques géopolitiques liés aux pays sources et distance parcourue par les biens importés.

Ces études ne prennent pas en compte les limites dans lesquelles la réindustrialisation doit s'opérer, comme la réduction des émissions de GES, les pénuries annoncées de ressources, de matières premières et d'énergie, la volonté d'arrêter l'artificialisation des sols, la nécessité de réduire nos déchets, etc.

L'autonomie, ça se gagne

◆ **Si on veut bâtir notre autonomie, la relocalisation d'industries sur le territoire doit d'abord se construire sur un objectif de production pour le marché français.** Pour cela, on sera obligés de largement renoncer à la compétition internationale. On produira modérément et, du coup, les prix de vente seront plus élevés par rapport à une production équivalente dans un pays émergent. Cela devra être compensé par une meilleure qualité, une plus grande durabilité et une utilité locale impérative. ***En plus de la consommation des ménages, pour soutenir la production locale, les entreprises privées et les organismes publics auront un rôle clé pour stimuler l'offre,*** parce qu'ils achètent beaucoup de produits pour leur fonctionnement : des matières premières, des machines, des meubles, des ordinateurs, du papier… Dans les cahiers des charges qu'ils définissent pour encadrer leurs procédures d'achat, ils peuvent fixer des critères sur l'origine ou la proximité du lieu de fabrication et sur la durabilité des produits recherchés. Le prix de ces produits sera plus élevé, mais « moins cher » ne pourra plus être le seul critère de sélection d'un fournisseur.

CHACUN devra réduire ses consommations pour soutenir une relocalisation, qui est la condition de la stabilité de nos approvisionnements.

Réduire nos exigences de tech

◆ **Face à la fascination pour l'innovation technologique, une autre forme de pensée devrait prospérer et faire l'objet d'une politique volontaire de recherche.**

La « basse » technologie, ou low-tech, consiste à repenser entièrement un produit à partir de son usage plutôt que de se focaliser sur ses autres fonctionnalités, pas toujours indispensables ; elle cherche donc à simplifier. Cette démarche, qui vise à maximiser l'utilité des produits tout en réduisant leur impact environnemental, pense dès l'amont l'entretien et la réparation d'un objet plutôt que son remplacement. ***Surtout, plus c'est simple, plus c'est facile à réparer, et donc à faire durer.***

La société hollandaise Fairphone produit depuis 2013 un smartphone durable, conçu pour être réparable grâce à sa conception modulaire. Tous les composants principaux (batterie, objectif, processeur, mémoire…) sont indépendants et peuvent être remplacés facilement, même par un non-expert. Dans le même ordre d'idée, le chauffe-eau solaire thermique permet, grâce au soleil, de chauffer de l'eau qui passe dans des tuyaux fixés sur un toit. C'est l'eau des tuyaux qui chauffe le ballon où est stockée l'eau qui coule du robinet.

LA HIGH-TECH REND NOTRE MODÈLE ÉCONOMIQUE TOUJOURS PLUS COMPLEXE ET FRAGILE. **NOUS NE POURRONS JAMAIS ÊTRE INDÉPENDANTS DE A À Z SUR LA CHAÎNE DE VALEUR D'UN PRODUIT DE HAUTE TECHNOLOGIE.**

Celui qui maîtrisera en premier l'ordinateur quantique, qui permet d'effectuer un nombre de calculs très largement supérieur à ce qui est possible actuellement, aura ***peut-être*** une force, un pouvoir supplémentaire, mais il devra nécessairement ***trouver toujours plus d'énergie et de matières premières pour poursuivre la course dans laquelle l'entraîne cette recherche de puissance.***

LA GUERRE DES ÉTOILES
La filière militaro-industrielle part du postulat que la France doit rester compétitive technologiquement. Objets connectés, microprocesseurs, armes et course pour le contrôle du cyberespace seraient indispensables, et renoncer à cette compétition technologique serait perdre son rang de grande puissance disposant d'outils innovants et militaires toujours plus sophistiqués. Mais, ici comme ailleurs, qui dit high-tech dit beaucoup d'énergie, de matières premières, de ressources, et donc beaucoup d'importations, une importante dépendance... et un paquet de gaz à effet de serre.

Savoir être juste

◆ **Nous devons définir la technologie juste,** c'est-à-dire le niveau de complexité pertinent pour pour une application donnée, idéalement en visant d'abord la simplicité de la low-tech. Nous avons besoin d'IRM pour mieux détecter les maladies, mais avons-nous vraiment besoin d'une brosse à dents électrique ou d'une machine à laver dotée de vingt-cinq programmes différents ? Même l'alimentation doit être réexaminée. La transformation des aliments bruts pour fournir des plats préparés est une industrie complexe parce que très automatisée pour une rentabilité maximale, or nous ne savons pas fabriquer les machines, les chaînes de production et les robots.

Et l'énergie ?

◆ **Produire nécessitera toujours de l'énergie,** mais faire le choix de produits plus simples, avec moins d'étapes de fabrication, moins de composants et moins de transport, permettra déjà de diminuer la consommation globale d'énergie. Ensuite, nous devrons fortement réduire notre dépendance aux industries lourdes très consommatrices d'énergie, comme l'industrie chimique, la métallurgie, la fabrication de caoutchouc, de plastiques et de minéraux non métalliques pour le BTP, ou encore le papier et le carton. Ce ne sera pas simple étant donné l'importance qu'elles ont prise dans le fonctionnement de notre société. C'est un gros chantier de réflexion qui doit s'ouvrir. ***Un investissement important devra être consacré à l'efficacité énergétique des processus industriels que nous aurons conservés, c'est-à-dire la quantité d'énergie nécessaire pour fabriquer chaque produit.***

IL NE S'AGIT **PAS DE REVENIR** AU MODE VIE DU XIXe SIÈCLE ET À LA LAMPE À HUILE, MAIS DE **LIMITER LE NOMBRE DE NOS BIENS ET DE NOS OBJETS EN LES RENDANT DURABLES.**

Produire local pour consommer local

◆ **Des produits techniquement plus simples peuvent avoir un fort ancrage local, être fabriqués au plus près des consommateurs.** Une entreprise de production locale peut plus facilement échanger avec ses consommateurs et adapter sa production en fonction des évolutions de la demande. La proximité du lieu de production crée aussi naturellement des liens humains, puisqu'on aura tous un voisin ou un cousin qui travaille là où on fabrique nos vêtements ou nos aliments. Les vêtements constituent un produit phare pour ce type de modèle économique. Pour l'instant, nous en importons plus de 80 %. Pourtant, nos habits sont des produits simples, qui ne nécessitent pas de techniques de production complexes, mais beaucoup de travail humain. Le prix des vêtements fabriqués localement n'entrerait pas en compétition avec les offres de la *fast fashion* issue des pays où les coûts de main-d'œuvre sont extrêmement bas par rapport aux salaires français. Les textiles français devront miser sur la qualité et la durabilité.

Le vêtement devient alors un investissement, et non plus un accessoire*. C'est bien notre relation aux objets et à nos besoins que nous devons redéfinir à travers de nouveaux moyens de production plus locaux.

* *Voir* Fashion, *de Catherine Dauriac, Tana Éditions, 2022.*

Les multinationales inadaptées

◆ **Les grosses entreprises ont besoin de croissance.** Les multinationales, qui se battent sur des marchés mondiaux hyper-concurrentiels, cherchent des marchés en progression, de plus en plus rares en Europe (croissance faible, marché mature, population vieillissante qui consomme moins). Les usines, qui ont été délocalisées, alimentent de plus en plus les marchés en plein développement avec un pouvoir d'achat qui augmente, en particulier en Asie. ***L'avenir de ces multinationales est donc tourné vers les pays émergents.*** La relocalisation n'a que peu d'intérêt pour elles. Une industrie qui revient en France ne peut avoir que des objectifs de croissance limités. Si elle tente tout de même de se positionner sur un marché international par l'exportation, ses coûts de production risquent de devenir un frein et ne pourraient être compensés que par une différenciation dans l'offre, en termes de qualité ou de technicité. Cela implique des investissements très élevés, une automatisation maximale et une dépendance importante aux matières premières qui viennent d'ailleurs. Ce modèle est en contradiction avec des objectifs d'autonomie et de sobriété. Devant le manque de dynamisme de nos marchés pour ces entreprises, même leurs sièges sociaux pourraient finir par migrer vers les marchés émergents, qui se développeront alors que nos économies occidentales tendront vers une économie relocalisée et sobre.

Petites et flexibles

◆ **Les PME s'adaptent en général plus facilement aux évolutions d'un marché parce qu'elles ont moins de niveaux hiérarchiques pour valider de nouvelles procédures de fabrication.** Les structures de taille moyenne ou modeste sont plus flexibles, mais elles sont limitées par leur capacité de financement pour modifier ou moderniser leur chaîne de production (changement de machines, modernisation de l'outil de production, automatisation).

Les nouveaux acteurs qui s'implantent aujourd'hui sur le territoire sont les plus adaptés. Ils commencent leur activité en connaissant les enjeux écologiques dans leur modèle, et généralement en essayant de les intégrer d'emblée. Il est toujours plus facile de débuter avec des règles que de changer les règles en cours de jeu.

Dans le secteur industriel, les jeunes pousses dans l'électroménager, la robotique ou le textile, par exemple, peuvent même en faire un atout marketing distinctif avec une image vertueuse, locale et durable.

On coopère dans des coopératives

◆ **Une nouvelle manière de fabriquer des produits plus simples amène à réfléchir à l'organisation même des entreprises.**

La coopérative est une alternative à la création d'une entreprise capitalistique classique. La confédération générale des SCOP (Société coopérative et participative) définit une coopérative comme une association autonome de personnes volontairement réunies pour satisfaire leurs aspirations et des besoins économiques, sociaux et culturels communs au moyen d'*une entreprise dont la propriété est collective et où le pouvoir est exercé démocratiquement.* Dans une SCOP, les salariés possèdent au moins 51 % du capital et 65 % des droits de vote pour qu'aucun associé ne puisse, à lui seul, détenir la majorité et imposer ses décisions. Le dirigeant de la coopérative est élu par les salariés associés. Les bénéfices sont affectés aux réserves de l'entreprise pour assurer sa pérennité et son développement. En 2019, ce sont 63 000 personnes qui travaillent au sein d'une SCOP en France.

La SCIC (Société coopérative d'intérêt collectif) est une forme dérivée des SCOP qui implique des parties prenantes, en plus des salariés, au sein même de l'organisation. Le capital et la gouvernance de la SCIC peuvent également inclure les clients, les fournisseurs et toute autre organisation qui partagent l'objectif commun de la SCIC (des financeurs, la commune…).

C'EST QUI LE PATRON ?!®
En 2016, cette marque se crée pour produire des aliments conçus en collaboration avec les consommateurs. En tant qu'acheteur potentiel, chacun peut voter sur Internet pour le prochain produit alimentaire souhaité (lentilles vertes, huile d'olive…). Ensuite, il faut voter pour le cahier des charges, précis, concernant la fabrication de ce produit. Pour une brique de lait par exemple, on choisit l'origine, le pâturage, l'alimentation des vaches, l'emballage et la rémunération du producteur. Chaque choix coché a un impact sur le prix de vente. Chacun peut devenir sociétaire de la coopérative pour 1 €.
La Société des consommateurs est la SCIC derrière la marque C'est qui le patron ?!®, dans laquelle sont représentés les salariés, des agriculteurs et tout consommateur qui souhaite devenir sociétaire.

Solidaire, équitable et social

◆ **Dans le même esprit que les coopératives, l'économie sociale et solidaire (ESS) rebat les cartes économiques.** L'ESS est fondée sur des principes de solidarité, d'équité et d'utilité sociale. Les structures de l'ESS, associations, mutuelles ou coopératives, visent à trouver un équilibre économique dans leur mission, qui est de satisfaire un besoin essentiel de la société tout en favorisant la cohésion sociale. Elles ont notamment pour objectif de favoriser la création d'emplois dans une perspective d'insertion et/ou de réinsertion. Ces entreprises appliquent des modes de gestion démocratiques et participatifs. Elles encadrent strictement l'utilisation des bénéfices qu'elles réalisent : le profit individuel est proscrit, et les résultats sont réinvestis.

Ta pièce en 3D

◆ **Les imprimantes 3D sont tout à fait capables de produire une grande diversité d'objets, en petites quantités, près de chez soi.** Cette production locale est facilitée par l'accès aux plans de fabrication de nombreux objets via des plates-formes accessibles sur Internet. Les plans peuvent être payants, mais ils ne le sont pas s'ils sont à l'initiative d'une communauté qui souhaite ***faire profiter le plus grand nombre du résultat d'une intelligence collective en créant un commun.*** La plate-forme Youmagine propose aujourd'hui gratuitement plus de 19 000 designs d'objets, comme des poignées de porte, des pieds de lampe ou des pièces d'électroménager, pour fabriquer vos produits avec une imprimante 3D. Avec une réserve quand même : les imprimantes sont des outils de haute technologie, qu'il faut aussi fabriquer et qui nécessitent des matières premières spécifiques, plastiques ou métalliques.

Consommer DOIT DEVENIR un acte citoyen dans lequel on S'ENGAGE.

!!

Les volumes de production doivent être réduits pour limiter l'impact sur la planète, et **la production DOIT ÊTRE,** autant que possible, **PLUS LOCALE** pour répondre à des besoins essentiels. *L'accumulation et le renouvellement permanent de nos biens ne peuvent plus être la norme.*

Limiter le choix

◆ **Des murs entiers de jambons différents dans les supermarchés.** Des gammes infinies d'ordinateurs ou de lave-linge. Des vêtements proposés par dizaines de milliers chaque saison. Notre consommation n'a plus de limites. Entre les marques, les modèles, les options, les industriels produisent de multiples versions d'un même bien de consommation. Relocaliser sobrement, c'est installer quelques manufactures par secteur (et encore) sur le territoire, ce qui revient à choisir entre un nombre (très) réduit de modèles quand on a besoin d'acheter un produit.

Patience

◆ **La précommande est une manière efficace de renoncer à l'approche en flux tendu des industries, ce qui rend notre système d'approvisionnement si fragile.** Certains fabricants de textiles, de bagagerie ou de meubles, pour l'instant, proposent sur leur site un produit que les consommateurs peuvent précommander. L'industriel connaît ainsi précisément les volumes de production à prévoir, et il sécurise son modèle puisqu'il a été payé pour le produit avant sa mise en fabrication. ***Pas de flux tendu ni de production en continu, pas de stock*** et pas de problèmes de trésorerie. Pour le consommateur, l'achat est réfléchi ; l'attente peut être un peu longue, mais comme ce n'est pas un achat d'impulsion, donc immédiat, le besoin bien que réel peut attendre un peu pour être comblé.

QUAND L'ÉCONOMIE CIRCULE

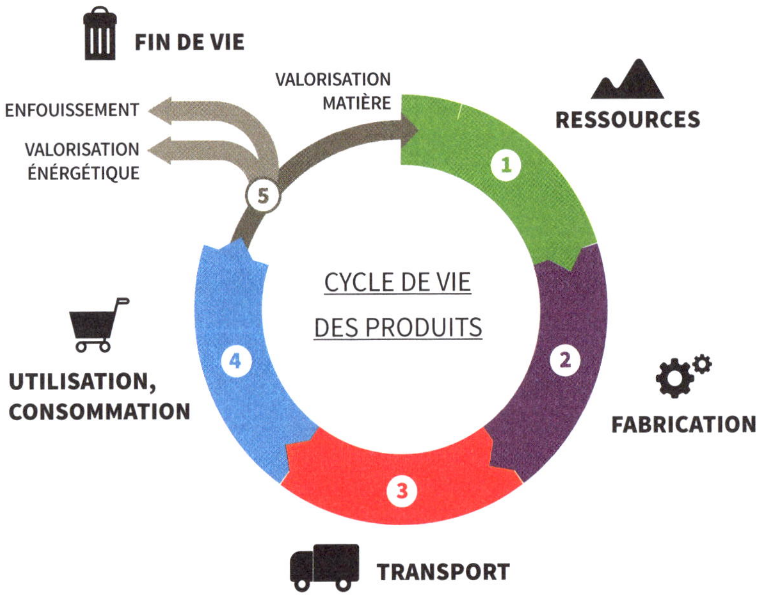

On tourne en boucle

◆ **L'économie circulaire est un modèle qui permet le développement économique et industriel des territoires** en réduisant la consommation de ressources, les déchets et le gaspillage, pour préserver notre environnement et notre santé. Elle cherche à passer d'une société du tout-jetable, fondée sur une économie linéaire (extraire, fabriquer, consommer, jeter), vers un modèle circulaire en réutilisant toutes les ressources possibles après un premier usage.

Produire durable

◆ **L'économie circulaire implique des approvisionnements durables,** c'est-à-dire une politique d'achats responsables destinée à limiter les rebuts de production et l'impact environnemental de l'exploitation des matières énergétiques et minérales, ou agricoles et forestières. Elle passe par l'identification de matières premières et de fournisseurs au plus proche géographiquement, idéalement sur le territoire national, et à défaut dans un autre pays d'Europe.

SUR TOUTE SA DURÉE DE VIE, **UNE PERCEUSE EST UTILISÉE EN MOYENNE 12 MINUTES PAR SON ACHETEUR.** À QUAND UNE SEULE PERCEUSE POUR TOUT UN QUARTIER?

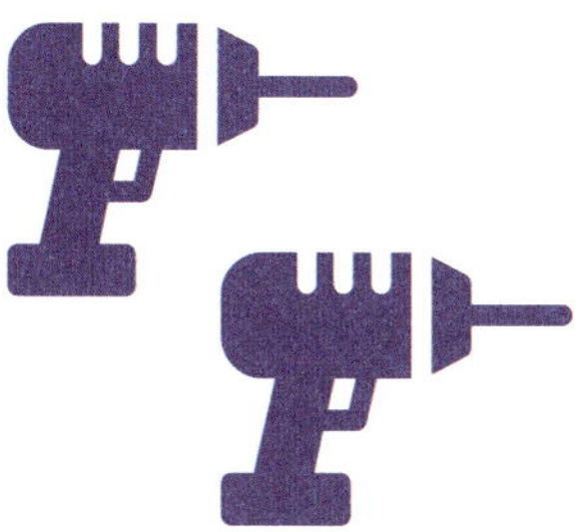

Penser à tout

◆ **Autre pilier de l'économie circulaire, l'écoconception** prend en compte, dès la phase de réflexion menant à la création d'un produit ou d'un service, l'ensemble du cycle de vie de ce dernier afin de limiter son impact sur la planète. Les outils et les méthodes d'analyse passent au crible les effets sur l'environnement des composants et des procédés de fabrication en termes d'émissions de GES, de consommation d'eau et de diffusion de produits chimiques dans les eaux de surface et souterraines, ainsi qu'en mer, et ils visent à les limiter le plus possible.

L'usage juste, juste l'usage

◆ **Favoriser une économie de la fonctionnalité collaborative et de la coopération** qui privilégie l'usage à la possession et qui vend des services liés aux produits plutôt que les produits eux-mêmes est une piste majeure pour réduire nos besoins consuméristes, et donc nos attentes de production industrielle. Par exemple, en utilisant BlaBlaCar, on achète un usage (se rendre d'un point A à un point B), pas un produit (la voiture qui nous déplace). ***Toutes les plates-formes de partage et/ou d'échanges entre propriétaires et usagers d'un outil participent à cette économie de la fonctionnalité.***

SÉCURISER LES APPROVISIONNEMENTS
L'Union européenne et le gouvernement français ont pris conscience ces dernières années de la vulnérabilité de notre accès aux différentes ressources, ce que la crise du covid a confirmé. Ils prévoient donc de nouer des partenariats avec les pays fournisseurs hors Europe et d'investir dans des entreprises d'extraction minière pour s'assurer un flux de matières premières correspondant à nos usages actuels. Pour l'instant aucune réflexion sur la simplification des produits qui conduirait à une réduction de nos besoins n'a été conduite.

L'écosystème industriel

◆ **Pour coordonner les différents acteurs d'une zone d'activité afin de réduire leur impact environnemental,** l'écologie industrielle et territoriale (EIT) est une forme d'organisation particulièrement adaptée. Une articulation interentreprises se met en place par des échanges de flux ou une mutualisation de besoins. ***L'EIT optimise les ressources : énergies, eau, matières, déchets, mais aussi équipements et expertises.*** Ainsi à Bordeaux, au sein de l'écosystème Darwin, une microbrasserie renvoie l'eau chaude qui chauffe ses cuves de fermentation au restaurant voisin, qui l'utilise pour sa vaisselle, et qui en retour vend les bières de la brasserie.

Refuser l'esclavage

◆ **Ne plus fermer les yeux sur les conditions de production de nos biens est un impératif.** Pour une entreprise ou un consommateur, une consommation responsable implique de savoir précisément quels sont les impacts sociaux et environnementaux d'un produit (bien ou service) à toutes les étapes du cycle de vie de celui-ci au moment d'effectuer un achat*. Il faut que ce besoin de transparence soit porté par les pouvoirs publics, qui doivent encourager les industriels à informer les consommateurs par tous les moyens possibles.

* *Voir* Décroissance, *de Vincent Liégey, Tana Éditions, 2021.*

Tout plutôt que jeter

◆ **En favorisant l'allongement de la durée d'usage, les mesures prises contre l'obsolescence programmée encouragent le consommateur à réparer, à donner, à vendre et à acheter d'occasion ses objets pour permettre leur réemploi ou leur réutilisation plutôt que de les jeter.**

Depuis 2021, la loi impose d'évaluer l'indice de **réparabilité** pour une première gamme de produits (smartphones, ordinateurs portables, téléviseurs, tondeuses à gazon, lave-linge hublot). À partir de novembre 2022 s'ajouteront quatre nouvelles catégories de produits (lave-linge top, lave-vaisselle, aspirateurs, nettoyeurs haute-pression). Cet indice doit permettre aux consommateurs qui choisissent un produit de prendre en compte sa facilité de réparation, ainsi que la disponibilité et le prix des pièces détachées. À l'horizon 2024, la loi anti-gaspillage pour une économie circulaire prévoit que cet indice devienne un indice de **durabilité,** notamment par l'ajout de nouveaux critères, comme la robustesse ou la fiabilité des produits. ***L'allongement de la garantie constructeur est un autre facteur essentiel pour assurer une durée de vie plus longue aux objets.***

La fin, c'est un nouveau début

◆ **Mieux que le recyclage, l'upcycling (surcyclage, en français) consiste à utiliser des produits usagés pour les réemployer sans les réduire en miettes comme le fait le recyclage.** Cela permet d'économiser de l'énergie, car le recyclage est très énergivore. Autre atout, l'upcycling conserve la qualité initiale de la matière, souvent dégradée par le processus du recyclage. Des pneus de vélo deviennent des ceintures, des vêtements usagés deviennent des briques isolantes pour l'habitat, des chutes de tissus deviennent des vêtements. Quand on ne peut plus que jeter des produits en fin de vie, on les **recycle.** Cette opération permet le traitement et la valorisation des matières premières contenues dans les déchets collectés en vue de leur réutilisation dans de nouveaux produits, mais elle donne toujours lieu à des pertes de matières dans son processus.

RECYCLAGE LIMITÉ

La combinaison de différents matériaux dans la fabrication des produits fait qu'il est parfois impossible de les séparer, et donc de les recycler. C'est vrai pour certains produits électroniques qui utilisent un grand nombre de composants en petite quantité, mais également pour des produits aussi simples que les bouteilles de lait en plastique. Le plastique PET, de plus en plus utilisé pour ces bouteilles parce que plus léger et moins cher, est rendu opaque par ajout de composants minéraux, ce qui le rend plus difficilement recyclable, contrairement au PEHD, qui est « naturellement » opaque. Visuellement, difficile de les distinguer l'un de l'autre, mais le chiffre 1 figure sous la bouteille lorsque c'est du PET opacifié, et le chiffre 2 quand c'est du PEHD.

L'économie circulaire ne croît pas

◆ **L'économie circulaire est incompatible avec la croissance économique :** elle encourage la conception de produits durables, donc la demande ne peut pas augmenter beaucoup. Si une entreprise cherche en permanence à augmenter ses volumes de production, il lui faudra des ressources vierges supplémentaires. Le secteur du BTP, qui produit le plus gros tonnage de déchets, avec les granulats (sable, gravier, etc., qui entrent dans la composition des mortiers et des bétons), en recycle déjà plus de 70 %. Ils sont utilisés pour la confection de nouveaux mortiers et bétons, pour des couches de chaussées et de voies ferrées. Ce secteur s'est fixé l'objectif de 90 % de recyclage pour 2025. Cependant, même avec 90 % de granulats recyclés, le secteur ne pourra couvrir que 30 % de ses besoins compte tenu de la demande en matière de construction. On construit plus vite qu'on ne détruit.

Le foncier, grosse question

◆ **Tout d'abord, une usine nécessite un terrain pour s'installer.** Il faudra évidemment privilégier l'adaptation d'usines et de locaux existants, mais chaque processus industriel ayant ses particularités (gestion de la chaleur ou du froid, besoin de plus ou moins d'espace en fonction des besoins de stockage de pièces…), il ne sera pas toujours évident de faire correspondre la demande et l'offre pour des bâtiments existants. Cependant, cette approche permettrait de se rapprocher de l'objectif zéro artificialisation nette des sols pour préserver la biodiversité, déjà déclinante. ***Identifier les terrains appropriés pour implanter une usine ne dépend pas seulement de la géographie et du prix du foncier,*** mais aussi de la disponibilité de main-d'œuvre à proximité. Il y a beaucoup de friches industrielles qui pourraient être réhabilitées et utilisées, mais elles se situent surtout dans le nord et l'est de la France, alors que la demande de terrains est plus forte dans le sud et l'ouest du pays (attrait des territoires, développement des filières aéronautique et agroalimentaire, niveau de qualification de la population…). Il faudrait donc guider les relocalisations industrielles sur le territoire pour les répartir le plus équitablement possible.

Pour que l'industrie soit **VRAIMENT locale,** il faudra répartir les sites de production sur **l'ensemble du territoire.**

Les friches ont de l'avenir

◆ **L'État français a lancé un programme de sites industriels « clés en main » pour lesquels les procédures administratives ont été simplifiées.** Certains sites peuvent être des friches industrielles, mais d'autres sont des terrains nus où il faudra construire du neuf : 127 sites clés en main ont été identifiés dans l'ensemble des régions fin 2021. C'est encore relativement faible. Par comparaison, depuis la crise du covid, plusieurs centaines de projets industriels sont soutenus par l'État. Le besoin dépasse donc largement l'offre pour l'instant. ***Un fonds « Friches » a également été créé, avec des appels à projets depuis 2020 pour financer des opérations de reconversion des friches industrielles et la transformation de fonciers déjà artificialisés.*** Néanmoins, ce programme couvre un large spectre d'utilisation, pas seulement industriel (logements, bureaux, commerces), qui pourrait venir en concurrence avec des implantations de productions industrielles locales.

La force de la jeunesse

◆ **Les besoins en personnel qualifié pour répondre à la relocalisation industrielle sont déjà significatifs, et ils ne feront qu'augmenter si la réindustrialisation s'accélère.** Comment attirer rapidement de jeunes salariés dans le secteur industriel, qui manque cruellement d'attrait aujourd'hui ?

Les plus jeunes sont rebutés par son image de pénibilité et de faibles revenus. Une nouvelle approche industrielle plus écologique, plus sobre, plus locale, pourrait améliorer cette image. Travailler dans une petite manufacture près de chez soi pourrait devenir attrayant. La formation initiale des jeunes doit prendre en compte nos besoins actuels et futurs d'ouvriers qualifiés, l'enseignement manuel doit retrouver son image de rouage essentiel de notre société, et les plus expérimentés devront être mobilisés pour transmettre les savoir-faire manuels qui risquent de se perdre.

Les reconversions : un angle mort

◆ **En parallèle, de nombreuses industries verront leur activité réduite dans le cadre d'une redirection écologique,** soit parce qu'il ne sera pas possible de diminuer significativement leur impact sur l'environnement, soit parce que leur production ne répond pas à un besoin essentiel. ***Les reconversions seront massives dans les décennies à venir.*** Il est indispensable de les prévoir, de les piloter et de les accompagner pour ne pas subir une casse sociale comparable à celle des années 1980 dans la sidérurgie ou le textile. Ces salariés, entre autres de l'automobile et de l'aéronautique, représentent un potentiel pour la redirection écologique industrielle, mais il sera nécessaire de les former et d'estimer les besoins plus précisément, parce que toutes les reconversions ne se feront pas dans l'industrie. Un premier travail de réflexion et de chiffrage a été réalisé par le think tank The Shift Project dans son Plan de transformation de l'économie française (PTEF), mais l'État ne s'est pas encore emparé du sujet.

On aura quand même besoin de chimie qui pollue

◆ **Et d'un peu de métallurgie...** Sauf à se passer de presque tout, il faudra bien accepter de cohabiter avec des unités de production qui continuent de polluer ou des sites classés Seveso, qui présentent des risques industriels. Les accidents des usines AZF, à Toulouse, ou Lubrizol, à Rouen, ont contribué à durcir les mobilisations citoyennes contre ce type de sites industriels. Pourtant, **si on veut relocaliser la production de nos biens, il faudra accepter que nos pollutions reviennent aussi.** Une fois de plus, nous devrons donc faire des choix sur les produits que nous souhaitons produire, en prenant en compte la valeur que nous leur accordons, leur sens et leur impact sur l'environnement.

PERSONNE, NULLE PART, N'A ENCORE ÉTABLI UNE SÉLECTION DES **INDUSTRIES À RELOCALISER** EN FONCTION *DE NOS BESOINS ESSENTIELS ET DE LEURS IMPACTS SUR L'ENVIRONNEMENT.*

L'État à la manœuvre

◆ **Globalement, la redirection écologique industrielle nécessitera des financements gigantesques au regard de tout ce que nous ne produisons pas ou plus sur le territoire.** Pour commencer une nouvelle activité de production, y compris à une échelle modeste, il faut des moyens importants. L'investissement privé sera sans doute largement insuffisant. Il apparaît donc nécessaire que l'État soutienne financièrement les projets qui correspondent à des besoins vitaux, comme il le fait aujourd'hui pour l'électricité par exemple. Il pourra utiliser toute une série d'outils et de leviers pour accompagner ces entreprises locales : taux de crédit préférentiel, subventions, fiscalité avantageuse… Il a commencé en 2020, pour répondre à la crise du covid, par le programme d'investissement France Relance. En 2021, un grand programme industriel a pris le relais pour la décennie en cours avec un budget de 30 milliards d'euros. ***Ce programme souhaite faire émerger, grâce à un plan d'investissements massif, de nouveaux champions technologiques,*** et accompagner les transitions des secteurs de pointe existants : automobile, aéronautique ou encore spatial. Ces investissements sont fléchés vers des secteurs qui couvrent certains de nos besoins essentiels (santé, agroalimentaire, énergie), toujours sur un mode productiviste et high-tech. Ce programme traduit également une obsession pour la compétition technologique internationale (conquête spatiale, conquête des fonds marins), qui semble en décalage avec les enjeux planétaires actuels.

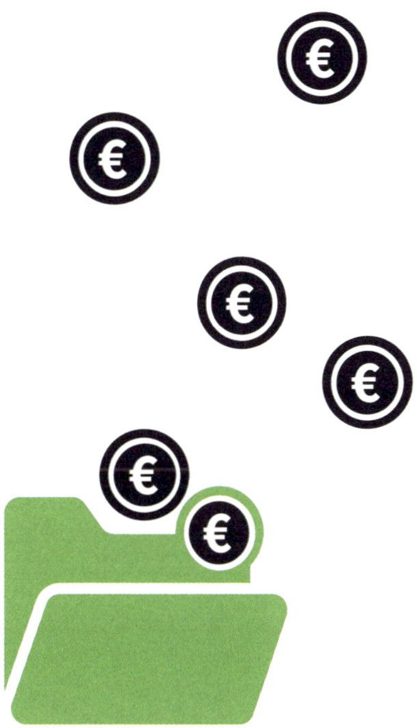

QUI FINANCE ?
Selon l'étude « La renaissance industrielle en France à l'horizon 2030 » du cabinet PricewaterhouseCoopers, il faudrait 69 milliards en plus des plans de relance du gouvernement pour soutenir la relocalisation industrielle. La mise en place d'un fonds d'investissement national ou européen spécifique au secteur industriel, qui pourrait être alimenté par l'épargne des citoyens, serait une piste à considérer pour financer la modernisation, la reconversion des sites de production et la réduction de leurs impacts environnementaux.

Des billes pour la décentralisation

◆ **La relocalisation de la production industrielle est un projet politique, et son organisation doit aussi s'appuyer sur une décentralisation renforcée des territoires.** En France, le succès du développement des PME (petites et moyennes entreprises) et des ETI (entreprises de taille intermédiaire) est fortement lié aux territoires où elles sont implantées. De l'une à l'autre, le niveau d'équipement, d'infrastructure, de politique de mobilité ou de formation peut faire une grosse différence… Les régions doivent donc identifier ce qui peut rendre leur territoire attrayant pour aider à la renaissance d'un tissu industriel. Côté subsides, les collectivités locales n'ont pas la main sur l'essentiel des aides aux entreprises. C'est l'État qui reste à la manœuvre, pour une moitié avec des aides fiscales et pour l'autre avec des interventions directes. ***On pourrait donner aux collectivités locales des budgets augmentés et fléchés vers les besoins des entreprises de leur territoire.*** L'État pourrait conserver un rôle de chef d'orchestre. Il devrait alors s'assurer que la politique de relocalisation ne se transforme pas en compétition contre-productive, qui renforcerait les disparités régionales.

Pour les produits complexes, ça se complique

◆ **Pour les produits plus complexes** (médicaments, robots, ordinateurs, téléphones…), une stratégie nationale coordonnée de fabrication doit être élaborée pour nous permettre d'être actifs sur l'ensemble de la chaîne de valeur sur notre territoire afin d'atteindre un système aussi résilient que possible.

La notion de pôle industriel spécialisé, concentrant plusieurs entreprises industrielles du même secteur dans un périmètre géographique restreint, peut être une piste pour **créer une émulation locale en termes d'innovation et de collaborations pour la production.** Il faudrait alors coordonner la connexion entre ces différents pôles pour recréer un tissu industriel cohérent. Pour certains produits ayant un haut niveau de complexité (les ordinateurs, par exemple), nous devrons construire des coopérations au minimum européennes, voire internationales.

Une redirection écologique industrielle est aussi l'occasion de remettre à plat le cadre de ces relations pour qu'elles soient équilibrées, particulièrement avec les pays en voie de développement.

Les pays du Sud, victimes collatérales ?

◆ **Réduire les importations en France, voire en Europe, aurait nécessairement des conséquences sur l'économie des pays de production.** Par exemple, 20 % des exportations de la Chine sont destinées à l'Europe, pour 440 milliards d'euros en 2019. Une production européenne qui approvisionnerait ses propres marchés nationaux diminuerait mécaniquement les exportations chinoises. La mondialisation a permis un relatif enrichissement dans les pays émergents. Si nous démondialisons tout ou partie de l'économie par le jeu des relocalisations, nous devrons nous interroger sur la manière de soutenir les pays émergents pour leur permettre de compenser leurs pertes de revenus.

TAXONS LE CARBONE

La volonté de l'Union européenne d'instaurer, en 2023, une taxe carbone aux frontières de l'Europe est une bonne idée sur le papier. Cette taxe serait appliquée aux produits importés en fonction des émissions de gaz à effet de serre associées à leur fabrication. Elle financerait la décarbonation de nos activités industrielles, et accessoirement le remboursement d'une partie de la dette des plans de relance européens post-covid, du type France Relance. En augmentant le prix des produits importés, cette taxe constituerait une forme de protectionnisme, que la mondialisation de l'économie combat depuis plusieurs décennies. Les produits européens auraient alors, par rapport aux importations, un avantage compétitif à l'intérieur des frontières de l'Union européenne, et une dynamique de ralentissement de la mondialisation pourrait s'enclencher. Cependant, cette taxe n'aurait de sens que si l'Europe respecte ses propres objectifs de réduction d'émissions de GES.

et MOI DANS TOUT ÇA ? ? ? ?

Ta conso fait l'industrie et l'industrie fait ta conso.

Regarde autour de toi. Où que tu sois, à part dans une forêt primaire, tout ce qui t'entoure est rendu possible par l'industrie. Les milliers d'objets qui peuplent notre quotidien ont TOUS été fabriqués dans une ou plusieurs usines successives. Depuis le covid et les ruptures d'approvisionnement dans tous les sens (la PlayStation 5 est introuvable), on entend partout parler de relocalisation. Mais est-ce bien raisonnable ? Si nous devions produire dans l'Hexagone tous nos objets, nos produits et nos gadgets pour ne plus être à la merci d'une interruption des flux économiques mondiaux, on devrait, compte tenu de TOUT CE QUE NOUS ACHETONS, COMMANDONS, RENVOYONS, REMPLAÇONS, bétonner tout le territoire pour le mailler d'usines, on importerait des quantités colossales de matières premières et encore plus d'énergies fossiles, et on ferait exploser nos émissions de GES. Résultat des courses : on ne peut pas et on ne pourra pas. Alors il faut choisir, et modifier notre consommation, réduire le nombre d'objets et de produits qu'on veut posséder.

QUEL CONSOMMATEUR ES-TU ?

Grâce à ce test rapide, tu pourras mesurer ta capacité à accompagner la relocalisation de la production. Entoure la lettre correspondant à ta réponse.

1 Chez toi…

B tu gardes un peu de place pour pouvoir respirer.

A c'est plein à craquer. Tu ne peux même plus poser un verre sans déplacer autre chose.

C tout ce que tu possèdes tient dans douze cartons.

2 Le digital…

B tu investis pour avoir l'utile et le nécessaire, et un peu plus peut-être.

C le ? Non, *la* digitale, une jolie fleur qui se ressème toute seule.

A c'est ta marotte. Tu possèdes tout ce qui se (te) connecte.

3 Tu passes par Amazon…

C jamais. Tu n'as ni appli ni compte.

B parfois pour ce qui est compliqué à trouver en boutique.

A pour tout. Le plus rapide, le plus pratique.

4 Quand tu as besoin d'une perceuse…

A ben, tu l'achètes !

C tu l'empruntes à ton voisin.

B tu la cherches sur un site de seconde main.

5 Si tu dois vraiment acheter un objet…

A tu cherches le moins cher.

B tu prends la meilleure qualité possible.

C tu épluches les sites pour en trouver un fabriqué près de chez toi.

6 Tu sais réparer ?

C Grâce à un atelier de réparation de vélo, tu sais désormais tout faire sur ton bike.

A Non, tu as deux mains gauches et tu casses tout ce que tu essaies de manipuler.

B Tu aimerais bien, mais personne ne t'a appris.

7 Sur l'étiquette, tu regardes…

B la composition ou les spécificités techniques.

C la provenance.

A le prix.

8 Tu acceptes de patienter avant d'avoir ce que tu veux ?

B Quelques jours, le temps que le livreur sonne à ta porte.

A Le moins possible. En fait, quand tu achètes, c'est pour tout de suite, voire pour hier.

C Une fois que tu as pris le temps de bien choisir pour être sûr de ton achat, tu peux attendre des mois.

9 Pour choisir tes yaourts…

C tu les fais toi-même.

A simple : les derniers sortis, ceux que tu n'as pas encore essayés.

B toujours la même marque et le même parfum.

10 Quand c'est fabriqué en France…

B tu es content.

C par principe, tu le préfères à tout autre modèle, même si c'est plus cher. Tu feras des économies sur autre chose.

A en général, tu n'es même pas au courant.

11 Impossible de trouver une PS5 !

A Tu es tellement frustré que tu en rêves la nuit.

B Ça tombe bien, tu as décidé d'arrêter le gaming.

C Ça ne te fait ni chaud ni froid.

12 S'il y a pénurie de plats tout prêts dans ton supermarché…

C ton maraîcher a sans doute toujours des carottes.

A tu passes par Uber Eats.

B tu te remets à la cuisine.

résultats

Calcule ton score global en additionnant le nombre de A, celui de B et celui de C.

Tu as une majorité de A
Toujours plus

Si la mondialisation économique connaît de violentes secousses, tu vas passer un sale quart d'heure. Plus de vêtements, d'objets numériques, de nourriture hyper-transformée en flux tendu… Mais comment vas-tu faire ? La relocalisation, c'est pour l'instant le cadet de tes soucis. Tu veux bien faire des efforts pour la planète si tu peux continuer à vivre comme tu le fais. Relis le livre pour bien comprendre que ça ne va pas être possible.

Tu as une majorité de B
Tu es relocalisons-compatible

Tu fais des efforts pour réduire ta consommation et ton empreinte carbone. Tu commences à prendre goût à la sobriété. C'est un bon début, même s'il te reste des pistes d'amélioration. L'important, c'est que tu commences à te poser les bonnes questions, et notamment : « Comment faire avec moins ? » Si on devait se contenter un jour de ce qu'on pourra produire sur place, tu réussirais probablement à t'y faire.

Tu as une majorité de C
Tu as un plan

C'est quoi, ton projet ? Une conserverie locale ? Un atelier de tissage de chanvre ? Devenir sociétaire d'une coopérative de production d'énergie ? La relocalisation, tu as bien l'intention d'en être un des acteurs à ton échelle. Quel que soit le secteur sur lequel tu veux t'implanter, tu as déjà intégré les limites physiques de la planète, le bilan carbone de ton activité, la low-tech… Bravo, l'avenir est à toi.

RELOCALISATION
mode d'emploi

QU'EST-CE QUE JE PEUX FAIRE À MON ÉCHELLE ?

En attendant la grande planification de la relocalisation par les pouvoirs publics, on peut s'y mettre individuellement et accompagner, voire entraîner, le mouvement de la production locale.

Chaque objet que nous achetons est la combinaison de matières premières et d'énergie extraites dans l'environnement, puis transformée par des industries éparpillées sur la planète. Logiquement, moins on achète de produits industriels mondialisés, plus on réduit son besoin d'industries. Si on veut sérieusement relocaliser la production sur le territoire de ce dont on a un besoin essentiel, voire vital, à proximité de nos lieux de vie, on a intérêt à réduire la voilure de nos exigences, et à encourager les productions locales en les achetant chaque fois que c'est possible.

ALORS, maintenant, on fait comment?

ON FAIT *le tri et on* S'ALLÈGE

» **Première étape vers la sobriété : la sélection.** La question cruciale à laquelle il faut accepter de répondre, c'est : « De quoi est-ce que je me sers tout le temps ? » Une fois que les outils et les objets indispensables du quotidien sont identifiés, regardons ce qui reste. Parmi tous les objets que nous avons (vaisselle, linge, petit électroménager, vêtements, produits d'entretien, numérique, papeterie, outils, produits de loisir, etc.), il y en a sans doute un certain nombre qui dorment dans des placards depuis des lustres : la tente de camping, le smartphone déclassé, le moule à gaufres électrique, le jean trop petit, la théière... Si c'est toujours utilisable, donnez ou vendez ces objets pour qu'ils soient utiles à quelqu'un d'autre. Les plates-formes Internet de voisinage (Smiile, Allovoisins...) permettent de proposer ces objets à vos voisins, et par la même occasion de les rencontrer. Se faire un réseau dans son quartier est un bon moyen ensuite pour emprunter une machine à fondue ou pour trouver de l'aide pour monter un meuble, et ça finit généralement en apéro. **On réduit sa consommation tout en gagnant en convivialité.**

ON ALIMENTE LE MARCHÉ DE LA SECONDE MAIN

Pour gagner de la place : on joue au marchand. Dans la plupart des quartiers, des vide-greniers sont organisés au moins une fois par an. C'est l'occasion de se débarrasser de tout ce qu'on a accumulé, et de faire des heureux en vendant à petit prix des objets qui seront sûrement utiles à d'autres plutôt que de rester stockés chez vous. Enfin, les ressourceries de quartier récupèrent, réparent et revendent toutes sortes de choses. Vos objets inutiles auront droit à une seconde vie et alimenteront une activité économique vertueuse.

ON FAIT *DES ÉCONOMIES*

Le meilleur moyen de réduire les impacts sur l'environnement de l'industrie, c'est de produire moins. **On doit donc devenir sobres et renoncer à consommer à tout va, en commençant par le superflu.** Il suffit parfois de se poser des questions simples : est-ce que j'en ai réellement besoin ? Est-ce que j'ai déjà un objet qui remplit la même fonction ? Cet objet va-t-il vraiment améliorer ma vie ? Sortir sa CB n'est alors plus un geste anodin et automatique, mais une action mûrement réfléchie, histoire de ne plus se soumettre à ses pulsions d'achat. Et quand on regarde ses comptes, on prend conscience que la sobriété ne coûte pas cher. Quand on achète moins d'objets superflus, on fait des économies, et on devient — souvent sans le savoir — un(e) éconologue, du nom de ceux qui pratiquent l'éconologie, c'est-à-dire qui font des économies grâce à des comportements écologiques.

ON RÉPARE OU ON APPREND À RÉPARER

Un peu de couture pour les vêtements, un peu d'électricité pour une lampe, un pote geek pour un ordi qui pédale dans la semoule... ***pas besoin d'être un grand technicien pour redonner vie à la plupart de nos objets quotidiens.*** *Quand on n'a pas les compétences mais qu'on veut apprendre, il y a sans doute un repair café pas loin. Dans ces lieux, animés par des associations et où l'on trouve tous les outils nécessaires, des personnes expérimentées guident les novices et partagent leur savoir-faire.*
Non seulement on peut y réparer sa lampe, son grille-pain ou son vélo, mais en plus on y acquiert des compétences. Près de chez vous, il existe peut-être encore un électricien qui répare les lampes, un rémouleur qui affûte toutes les lames, et il y a toujours un service de retouche pour les travaux de couture compliqués, un cordonnier...

Soutenir ceux qui sont capables de changer une semelle ou de rétrécir un pantalon, et qui sont toujours plus fragilisés par la civilisation du tout-jetable, évitera qu'ils ne disparaissent complètement.

ON RENONCE *au CHOIX INFINI*

Des milliers de tee-shirts, des centaines de yaourts, d'ordinateurs ou de meubles, le choix est presque infini sur Internet ou dans les supermarchés. En achetant ses objets plutôt dans un magasin que sur les sites, dans une brocante ou une friperie, on se (ré)habitue à choisir dans une offre plus restreinte… et on lit les étiquettes. Celles des vêtements en disent beaucoup sur l'origine du produit. Si le pays de fabrication est lointain, il est certain que ce vêtement a brûlé beaucoup de pétrole avant d'arriver jusqu'au portant et qu'il est le parfait exemple de la mondialisation, donc tout le contraire de la relocalisation. Cette même étiquette informe également sur la composition du vêtement, sachant que la proportion de polyester, d'acrylique, d'élasthanne ou de nylon correspond à la part de pétrole saoudien ou russe qui entre dans sa fabrication*.

* *Voir* Fashion, *de Catherine Dauriac, Tana Éditions, 2022.*

ON CHANGE *de CRITÈRES*

Pour les appareils électroniques ou électroménagers, le nouvel indice de réparabilité et l'étiquette énergie livrent des informations très utiles : facilité de réparation, consommation d'énergie et d'eau à l'usage… ***La possibilité de les réparer et la disponibilité des pièces détachées à long terme devraient être au cœur de nos critères de sélection,*** afin de remplacer nos appareils moins souvent, et le plus tard possible. Notre achat n'est qu'une étape dans la vie d'un produit qui a voyagé à travers le monde. Sa durée d'utilisation déterminera l'échéance à laquelle il faudra le changer, autrement dit le moment où il faudra recommencer à extraire des matières premières et à consommer de l'énergie pour produire celui qui le remplacera.

ON PASSE *à la PRÉCOMMANDE*

Les plates-formes de financement participatif ou les sites de fabricants sont de plus en plus nombreux à vous proposer de précommander des produits. Ce système est vertueux à plusieurs titres. D'abord, pas d'achat compulsif dans ces conditions, puisque le produit n'arrivera pas avant plusieurs semaines. Ensuite, le fabricant produira juste le volume de produits nécessaires. Pas de stock en attente et, au final, de produits jetés ou brûlés parce qu'invendus. Le contraire du modèle mondialisé de flux tendu qui impose que la chaîne de production ne s'arrête jamais. Enfin, le fabricant est assuré d'avoir le financement pour lancer sa production, puisque le produit a déjà été payé. Le système de précommande assure une visibilité et une stabilité économique à l'entreprise. Il ne reste plus qu'à la choisir éthique et écolo.

ON CHERCHE LE FABLAB

Et si, à deux rues de chez vous, il existait un FabLab (un laboratoire de fabrication local) ou tout autre lieu de ce type qui possède une imprimante 3D ? La pièce manquante et introuvable chez le fabricant pour réparer votre appareil pourrait être fabriquée à côté de chez vous avec des plans disponibles gratuitement sur Internet. Les deux plates-formes de plans les plus connues sont en anglais : Thinigiverse (https://www.thingiverse.com) et Youmagine (https://www.youmagine.com). Quelques sites sont disponibles en français, comme Happy3D (https://www.happy3d.fr/fr) ou Cults (https://cults3d.com/fr), et il existe une carte des FabLabs de France (https://www.makery.info/labs-map). Une petite recherche en ligne pourrait valoir le coup. Vous fabriquez la pièce, et votre produit dure plus longtemps.

ON PRÉFÈRE *LOUER*

Décolleuse de papier peint, perceuse, machine à raclette… au mieux, ces objets sont utilisés une fois par an, et parfois une seule fois dans notre vie. Une vie de perceuse, c'est 12 minutes d'usage par son propriétaire en moyenne. Faire appel à un loueur d'outils près de chez vous ou emprunter l'outil d'un ami ou d'un voisin coûtera moins cher, pour vous comme pour la planète. **On peut même aller plus loin. Pour les citadins qui bénéficient d'un maillage convenable de transports publics et/ou qui ont un bon vélo, l'utilité d'avoir une voiture est discutable. Faire du covoiturage ou louer une voiture occasionnellement peut suffire.**

MOI, SOCIÉTAIRE

Il existe de plus en plus d'entreprises organisées sous forme de coopérative. Chacun peut devenir sociétaire d'une coopérative dans l'énergie, les transports, la téléphonie mobile ou même l'agroalimentaire. Ça permet de voter pour influer sur les orientations stratégiques de la structure et sur les caractéristiques des produits ou des services qu'elle propose. C'est aussi une manière de soutenir des emplois, une autre façon de produire et de travailler.

ON PISTE LA COLLECTE

Si un objet ne fonctionne plus ou n'est plus réparable, mieux vaut chercher la bonne manière de le recycler plutôt que de le balancer dans n'importe quelle benne. Il existe de nombreux points de collecte pour les vêtements ou les appareils électriques et électroniques.

ON SE LANCE

Les modes de consommation sont un facteur essentiel pour soutenir la relocalisation de la production, mais on ne peut pas se contenter de compter sur les prochaines réglementations décidées par l'État, la transformation trop lente des grandes entreprises ou la capacité de survie des start-up, qui doivent prendre en compte une multitude de contraintes pour s'aligner avec les limites planétaires et trouver leur modèle économique. Par nos décisions d'achat ou de non-achat, nous indiquons à tout le système économique dans quelle direction nous voulons que la société avance.

Pour aider à faire bouger les lignes, la meilleure tactique, c'est de donner l'exemple. En changeant son mode de consommation, on fait beaucoup plus d'émules qu'on ne le croirait de prime abord. Les études psychosociologiques montrent que, souvent, nous changeons nos comportements par mimétisme vis-à-vis de nos amis, de nos voisins ou de nos collègues, surtout quand ces comportements sont associés à une image positive, comme celle de l'écologie, mais que nous avons du mal à faire le premier pas. Raconter ses choix, ses renoncements, et en expliquer les raisons* sans chercher à faire son donneur de leçons, ça inspire souvent les autres.

* La collection « Fake or Not » est une boîte à outils pour alimenter les débats sur les impacts de nos modes de vie et de consommation sur la planète.

Relocaliser en toute sobriété

◆ **Manquer de matières premières, d'énergie, de produits technologiques et même d'aliments semblait relever d'une histoire lointaine.** Depuis 2020 et la crise du covid, les pays occidentaux commencent à s'interroger sérieusement sur leur dépendance à une économie mondialisée, qui a pour la première fois depuis quarante ans prouvé sa vulnérabilité. Cette crise sanitaire, qui a fermé les frontières et ralenti, voire arrêté, de nombreux flux de marchandises, a montré de manière flagrante nos dépendances aux importations de matières premières, de biens intermédiaires et de produits finis.

Nous fabriquons encore certains produits sur notre territoire, mais notre activité industrielle est sans commune mesure avec ce que nous produisions il y a quarante ans. Si des produits **agroalimentaires, des voitures, des avions ou de l'énergie sortent encore de nos sites industriels, nous importons à tour de bras pour le reste.**

Relocaliser a longtemps signifié dans le langage commun le retour sur le sol national des entreprises qui ont délocalisé leurs sites de production dans des pays émergents. Une manière de considérer que relocaliser doit se faire sur la base de nos consommations actuelles.

La relocalisation s'entend désormais comme une stratégie planifiée de réindustrialisation de la France, une redirection écologique industrielle répondant à des besoins précis et identifiés, avec des consommations d'énergie et de matières premières limitées, générant les impacts les plus faibles possible. L'installation de nouveaux sites de production sur le territoire national est un projet ambitieux, qui doit nous permettre de redevenir indépendants tout en décarbonant notre économie, en préservant le vivant et la biodiversité.

Relocaliser nous impose de nous interroger sur notre consommation, notre rapport aux objets, notre relation à tout ce qui est vivant et à nos interactions sociales à l'échelle locale, nationale et internationale. C'est donc un engagement pour la société tout entière. Ce défi majeur pour la décennie en cours, nous ne pourrons pas l'esquiver. Il devra s'appuyer sur un modèle démocratique renforcé. **Qui va décider de ce dont nous avons vraiment besoin ? Qui va choisir de renoncer à telle technologie ou à tel produit pour en garantir d'autres ?**

Chaque citoyen devra participer à une large réflexion pour définir ce que nous considérons comme nos besoins essentiels, en acceptant qu'une partie de ce à quoi nous avons accès aujourd'hui ne sera plus disponible dans le futur. La demande mondiale de produits ne cessant d'augmenter, la compétition pour l'accès à l'énergie et aux matières premières va continuer à se durcir et, potentiellement, s'envenimer. Les derniers mois que nous venons de vivre nous donnent un avant-goût de ce que pourrait être ce dérèglement à grande échelle. En actant que nous sommes prêts à faire des choix et en agissant en conséquence, nous éviterons de subir les pénuries qu'un dérèglement de la chaîne de production mondiale générerait.

NOUS DEVONS DÉFINIR COLLECTIVEMENT **UN PROJET DE SOCIÉTÉ ÉQUILIBRANT LES ASPECTS ENVIRONNEMENTAUX ET SOCIAUX,** ET QUI **REPLACE L'ÉCONOMIE DANS SA POSITION** D'OUTIL PLUTÔT QUE DE BOUSSOLE. CE SERAIT UN PROGRÈS MAJEUR POUR NOTRE SOCIÉTÉ ET POUR SON AVENIR.

Bibliographie sélective et non exhaustive

- Philippe Bihouix, *l'Âge des low tech,* Le Seuil, 2014.
- Emmanuel Bonnet, Diego Landivar et Alexandre Monnin, *Héritage et fermeture ; une écologie du démantèlement,* Divergences, 2021.
- Daniel Boullet, « La politique de l'environnement industriel en France (1960-1990). Pouvoirs publics et patronat face à une diversification des enjeux et des acteurs », in *Vingtième Siècle, Revue d'histoire* 2012/1, n° 113, pp. 155-168.
- CGDD, « Chiffres clés du climat ; France, Europe et monde », édition 2022.
- Élie Cohen et Pierre-André Buigues, *le Décrochage industriel,* Fayard, 2014.
- Élie Cohen, *Souveraineté industrielle ; vers un nouveau modèle productif,* Odile Jacob, 2022.
- Jean-Claude Daumas, « Une France sans usines : comment en est-on arrivé là ? (1974-2012) », *in* Jean-Claude Daumas, Ivan Kharaba et Philippe Mioche, *la Désindustrialisation : une fatalité ?* (pp. 17-42), Presses universitaires de Franche-Comté, 2017.
- Deloitte (2021), « Le redéploiement industriel, un enjeu social, économique et un instrument de maîtrise de notre empreinte carbone ».
- Directorate-General for Research and Innovation (European Commission), Maija Breque, Lars De Nul et Athanasios Petridis, « Industry 5.0; Towards a sustainable, human-centric industry », Publications Office of the European Union, 2021.
- Lionel Fontagné et Jean-Hervé Lorenzi, « Désindustrialisation, délocalisations » (rapport du CAE), la Documentation française, 2005.
- France Stratégie (2020), « Les politiques industrielles en France ; évolutions et comparaisons internationales ».
- André Gorz, *Éloge du suffisant,* PUF, 2019.
- Haut-Commissariat au Plan (2020), « Produits vitaux et secteurs stratégiques : comment garantir notre indépendance ? ».
- Haut-Commissariat au Plan (2021), « Reconquête de l'appareil productif : la bataille du commerce extérieur ».
- INSEE Références, « Les entreprises en France », édition 2021
- Razmig Keucheyan, *les Besoins artificiels ; comment sortir du consumérisme,* La Découverte, 2019.
- Ministère de la Transition écologique et solidaire (2020), « Stratégie nationale bas-carbone ».
- Ministère de la transition écologique (2021), « Bilan 2018 de la production de déchets en France ».
- PricewaterhouseCoopers (2020), « Relocalisation des achats stratégiques ».
- PricewaterhouseCoopers (2022), « La renaissance industrielle en France à l'horizon 2030 ».
- Félix Torres, « La mondialisation des entreprises françaises à partir des années 1980, un changement global d'échelle et de logique », in *Revue française d'histoire économique,* 2021/1 n° 15, pp. 14-36.
- Anaïs Voy-Gillis et Olivier Lluansi, *Vers la renaissance industrielle,* MARIE B, 2020.
- Gianluca Santoni et Ariell Reshef, « Chaînes de valeur mondiales et dépendances de la production française », la Lettre du CEPII, 2020.

Remerciements : Catherine Bonvalot, Éléonore Blondeau, Anaïs Voy-Gillis, Timothée Cargill, Loïc Normand, Arthur Keller, Daphné Lebrun, Mathis Jordant, Maëlle Jordant, Pierre Mesurat, Olivier Kimmoun, Arnaud Robert.

Tana S'ENGAGE

TANA est un éditeur qui s'engage pour la préservation de l'environnement et qui utilise du papier issu de forêts bien gérées certifiées FSC® et d'autres sources contrôlées.

Ce livre a été imprimé en France par un imprimeur certifié Imprim'Vert® avec des encres végétales. La couverture ne comprend pas de pelliculage contenant du plastique.

Typographies : Adobe (Source Sans Pro, Source Serif Pro, Source code Pro) ; Velvetyne (Avara-Master, Resistance-general-Master, Cirruscumulus-master, Fengardo_neue, Mixo, Savate-Master, Vg5000-Master, VTF MisterPixel), Impallari Type (Caveat Brush)
Pictos : The Noun Project

Direction éditoriale : Suyapa Hammje
Direction de collection : Isabelle Brokman
Édition : Chloé Chauveau, Émeline Martin
Conception graphique : Nathalie Redard
Illustrations : Sarah Fouquet
Infographies : Alan Deleflie
Maquette : Lola Lou Li
Fabrication : Camille Friquet
Gravure : Graphium

92, avenue de France
75013 Paris

ISBN : 979-10-301-0462-2
Dépôt légal : octobre 2022
Imprimé en France par Estimprim
en septembre 2022

Rejoignez-nous sur :
www.tana.fr

MIXTE
Papier issu de sources responsables
FSC® C003309

Dans la même collection

FAKE? OR NØT